Hengen tunteminen

Hengen miekka -kirjasarja:

1 *Toimiva rukous*
2 *Hengen tunteminen*
3 *Jumalan hallitusvalta*
4 *Elävä usko*
5 *Jumalan kirkkaus seurakunnassa*
6 *Palveleminen Hengessä*
7 *Isän tunteminen*
8 *Kadotettujen tavoittaminen*
9 *Jumalan tunteminen*
10 *Pojan tunteminen*
11 *Pelastus armosta*
12 *Palvonta Hengessä ja totuudessa*

www.swordofthespirit.co.uk

Copyright © 2016 Colin Dye
ISBN: 978-1-89-844417-6

Ensimmäinen painos
Kensington Temple
KT Summit House
100 Hanger Lane
London, W5 1EZ

Kaikki oikeudet pidätetään. Tämän julkaisun tai sen osan jäljentäminen tai tallentaminen ilman tekijän kirjallista lupaa painamalla, monistamalla, äänittämällä, sähköisesti tai muulla tavoin on tekijänoikeuslain mukaisesti kielletty.

Raamatun lainaukset ovat vuoden 1992 käännöksestä.

Suomennos: Seppo Siuro
Taitto: Marko Joensuu
Kansi: Yewhung Chin

Hengen miekka

Hengen tunteminen

Colin Dye

Sisällysluettelo

Johdanto	7
Pyhä Henki Vanhassa testamentissa	11
Henki Uudessa testamentissa	23
Henki ja Jeesus	41
Hengen vastaanottaminen	57
Hengen voima	73
Hengen puhtaus	85
Suorituskyky ja Henki	97
Hengen läsnäolo	109
Kumppanuus Hengen kanssa	121

Johdanto

Monia tavallisia ihmisiä hämmentää ajatus Pyhästä Hengestä. He uskovat, että Jeesus eli maan päällä kaksituhatta vuotta sitten. Heistä tuntuu, että jonkinlaisen kaikkivaltiaan olennon pitäisi olla olemassa tuolla jossakin, mutta heistä on vaikea ymmärtää Pyhän Hengen käsitettä. Useimmilla kristityillä on jonkinlainen käsitys Isä Jumalasta ja heille on tuttu myös Poika Jumalan käsite, mutta Pyhä Henki vaikuttaa heistä joltakin kolminaisuuden varjolta. Mutta Pyhä Henki on kuitenkin kolminaisuuden ihmeellinen kolmas persoona ja aivan yhtä jumalallinen kuin Isä Jumala ja Poika Jumala – vaikka onkin Isän ja Pojan tavoin erillinen persoona, jolla on omat ajatuksensa tunteensa ja tahtonsa.

Kun opit ymmärtämään paremmin, kuinka Jumala toimii elämässäsi, innostut mahdollisuudesta tutustua Pyhään Henkeen henkilökohtaisesti. Alat ilolta siitä, että saat kulkea hänen kanssaan, kokea yhteyttä hänen kanssaan ja täyttyä jatkuvasti hänen kirkkaudellaan ja voimallaan. Vähitellen alat oppia elämään hänen seurassaan. Avain tähän oivallukseen on, että ymmärrät Pyhän Hengen olevan persoona. Hän ei ole "se" – ei mikään sähkön tapainen persoonaton voima. Ja hänen pääasiallinen tehtävänsä elämässämme on välittää meille Isä Jumalan ja Poika Jumalan läsnäoloa ja toimintaa.

Viime vuosina on ollut valtavasti puhetta siitä, mitä on olla "Hengen johdossa", "Hengen täyttämä", "Hengen voitelussa", "Hengen voimassa" jne. Suurin osa tästä puheesta on kuitenkin keskittynyt "meihin". Haluamme tietää, mitä meille merkitsisi olla Hengen täyttämiä ja voimauttamia. Vain harvoin keskitymme häneen, joka haluaa johdattaa ja täyttää meitä, tai pyrimme ymmärtämään, mikä on Pyhän Hengen toiminnan tarkoitus.

Hengen tunteminen

Jotkut uskovat näyttävät ajattelevan, että Pyhä Henki alkoi toimintansa vasta helluntaina. Oppiaksemme todella tuntemaan Hengen ja arvostamaan hänen työtään meidän tulee kuitenkin sisäistää kaikki, mitä Raamattu opettaa hänestä. Pyhän Hengen esittely Vanhassa testamentissa on elintärkeä perustus hänen tarkalle ymmärtämiselleen. Jos jätämme huomiotta sen, mitä hän teki ennen helluntaita, ymmärrämme hänen nykyisen toimintansa väärin.

Kun alat ymmärtää näitä asioita, pääset kokemaan elämäsi todellisen tarkoituksen. Sinut on luotu Pyhän Hengen asumukseksi ja elämään hänen täyteydessään. Kun Jumala puhalsi savesta muovaamansa Adamin sieraimiin henkäyksensä eli Henkensä, Aadamista "tuli elävä sielu" (1. Moos. 2:7). Adam nousi maan tomusta maailman ensimmäisenä Hengen täyttämänä luotuna. Hänessä tuli ilmi Jumalan täydellinen suunnitelma ihmiskuntaa varten, että Jumala asuisi meissä ja täyttäisi meidät Pyhän Henkensä kautta, ja me saisimme elää syvässä ja eheässä yhteydessä hänen kanssaan.

Tätä kirjaa lukiessasi tulet huomaamaan, että Pyhä Henki on täysin keskittynyt Jeesukseen. Hän saa uskomattomat vakuuttuneeksi Kristuksesta ja kehottaa heitä vastaamaan Pojalle ja vastaanottamaan hänet. Hän saa aikaan uudestisyntyminen, jossa syntinen kääntyy Kristuksen puoleen ja liitetään Kristuksen ruumiiseen. Hän jatkaa Kristuksen – ja hänen totuutensa – esiin tuomista uskovissa ja uskoville sekä heidän kauttaan muille. Antamalla meille esimakua taivaasta hän todistaa, että olemme ikuisesti Kristuksen omia. Hän varustaa meidät palvelemaan Kristusta, palvelemaan Kristuksen kanssa ja Kristuksen tavoin. Hänen koko olemuksensa todistaa Jeesuksesta Kristuksesta!

Tämä kirja on tarkoitettu etupäässä uskoville, jotka ovat valmiit panemaan syrjään omat käsityksensä ja tutkimaan Jumalan Sanaa löytääkseen Jumalan ilmoituksen Pyhästä Hengestä. Jotta saisit tästä kirjasta mahdollisimman paljon hyötyä, lue läpi kaikki Raamatun jakeet, joihin tekstissä on viitattu. Pohdi ennen uuteen jaksoon siirtymistä tarkkaan,

Johdanto

mitä oppimasi asiat merkitsevät sinulle itsellesi ja ihmisille ympärilläsi. Anna Jumalan puhua sinulle, kun tutkit hänen sanaansa.

Oppimisen tueksi on olemassa myös oheismateriaalia, jonka löydät *Sword of the Spirit Student's Handbook* -käsikirjasta sekä nettisivulta www.swordofthespirit.co.uk. Näistä lähteistä löydät *tietojen kertaustehtäviä, tietovisoja* sekä *kokeita*, joiden avulla voit testata, painaa mieleen ja soveltaa tästä kirjasta saamiasi tietoja.

Tietojen kertaustehtäviä voi käyttää myös pienryhmissä. Ehkä haluat valita rukoillen ne osiot, jotka ovat mielestäsi hyödyllisimpiä ryhmällesi. Tällöin voit joissakin ryhmän kokouksissa käyttää kaikkea aineistoa ja toisissa vain osaa siitä. Sovella maalaisjärkeä ja hengellistä näkemystäsi. Voit vapaasti valokopioida nämä sivut ja jakaa ne vetämällesi ryhmälle.

Rukoukseni on, että käytyäsi läpi tämän kirjan olet oppinut tuntemaan Jumalan ihmeellisen Pyhän Hengen entistä paremmin ja suhteesi häneen on syventynyt vielä entisestään. Rukoilen myös, että olet alkanut kokemaan iloa elämästä Kristuksen kanssa ja hänen suurenmoisesta läsnäolostaan.

Colin Dye

Osa 1

Pyhä Henki Vanhassa testamentissa

Pyhää Henkeä kutsutaan kaikkialla Vanhassa testamentissa nimellä "Henki" tai "Jumalan Henki". Sana "Henki" on käännetty hepreankielen sanasta *ruach*. On tärkeää ymmärtää, mitä tämä sana tarkoittaa.

Jumalan henkäys

Kuten useimmat Jumalaan viittaavat sanat Raamatussa, *ruach* on kielikuva, jolla on hyvin kuvaava ja tarkka merkitys. Siinä on aina mukana ajatus hengen puhaltamisesta ulos – kuten puhaltaessamme ilmapalloa tai sammuttaessamme kynttilän puhaltamalla tai puuskuttaessamme kovan kilpajuoksun aikana. Perusajatus *ruach*-sanan takana on voimakkaasti – tai jopa rajusti – virtaava ilma. *Ruach* viittaa energian purkaukseen, läpitunkevaan voimaan, voimankäyttöön tai dynaamiseen toimintaan elämän merkkinä.

Joissakin kohdissa *ruach* kuvaa tuulta, joka on hyvin voimakas tai jopa tuhoisa. Mutta se on aina Jumalan hallinnassa ja toteuttaa aina hänen tahtoaan. Esimerkkejä tästä on kohdissa 1. Moos. 8:1, 2. Moos. 10:13–19, 14:21, 15:10, 4. Moos. 11:31, 1. Kun. 19:11, Job 1:19, 37:21, Psalmi 1:4, 48:7, 107:25, 135:7, 147:18, 148:8, Jesaja 7:2, 12:15, 27:8, 41:16, Jeremia 10:13, 49:36, 51:1, Hesekiel 5:2–12, 13:11–13, 27:26, 37:9, Daniel 7:2, Hoosea 13:15, Joona 1:4, 4:8 sekä Sakarja 2:6.

Nämä *ruach*-sanaa käsittelevät kohdat antavat ymmärtää, että Jumalan Henki on kuin pyörremyrsky, jota me emme voi hallita tai ennustaa. Hän on läpitunkeva voima, joka saa puhaltaessaan aina aikaan muutoksen. Hän on Jumalan voima toiminnassa. Nämä jakeet osoittavat, että Henki on tuuli, joka tulee suoraan Jumalan suusta. Siksi häntä kutsutaan joskus

Hengen tunteminen

nimellä "Jumalan henkäys". Hänen toimintansa osoittaa, että Jumala elää. Mutta sitäkin enemmän hän on henkäys, jota ilman kaikki ihmiset olisivat kuolleita.

Sananmukaisesti *ruach* merkitsee "puhaltaa ulos hyvin rajusti". Tässä ei kuvata vienoa tuulenhenkäystä. Sen sijaan siinä kuvataan henkilöä, joka vetää syvään henkeä ja puhaltaa sen ulos kaikin voimin! Hesekielin kirjan jakeissa 37:1–14 Henki eli Jumalan henkäys herättää kuolleet luut henkiin ja muodostaa niistä voimakkaan armeijan.

Hesekielin kirjan jakeissa 37:1–14 sama hepreankielen sana *ruach* käännetään samassa tekstissä sanoilla "elämä", "tuuli" ja "henki". Tämä osoittaa, että kielikuvalla *ruach* viitataan moniin asioihin. Sitä käytetään Raamatussa kuvaamaan:

- ◆ Jumalan Henkeä – persoonallista, määrätietoista, näkymätöntä ja vastustamatonta
- ◆ Yksittäisen ihmisen tietoisuutta – kuten "sielua"
- ◆ Tuulta, joka kahisuttaa lehtiä ja hajottaa rakennuksia.

Suomen kielessä ei ole yhtään sanaa, jolla olisi kaikki nämä merkitykset. Sana "puhaltaa" tarkoittaa ihmisen uloshengitystä ja tuulen voimaa, mutta "puhaltaa" ei viittaa Jumalan ja ihmisten yksilöllisyyteen älyllisen, henkisen tai tunne-elämän tasolla. Toisaalta "henki" tarkoittaa myös tietoista henkilöä, mutta sen ei yleensä ymmärretä viittaavan rajuun tuuleen tai henkäykseen. Tämän meidän takia täytyy olla hyvin tarkkana lukiessamme Jumalan Hengestä Vanhassa testamentissa. Hän on Jumalan *ruach* – Jumalan "henkäys" – ja tämä viittaa aina Jumalan voimaan toiminnassa.

Kielikuvia

Henkeä kuvataan Vanhassa testamentissa neljällä muullakin kielikuvalla, jotka auttavat meitä ymmärtämään hänen luonnettaan ja arvioimaan hänen toimintaansa paremmin:

Pyhä Henki Vanhassa testamentissa

Vesi

Raamattu käyttää vettä kuvaamaan Jumalan siunausta ja hengellistä virkistystä sellaisissa kohdissa kuin Psalmi 36:9, 46:4, Jesaja 30:25, 55:1, Jeremia 2:13, 17:13, Joel 3:18 sekä Sakarja 13:1 ja 14:8.

Hesekielin kirjan jakeissa 47:1-12 profeetta näki veden virtaavan ulos Jumalan tulevan temppelin ytimestä. Tämä puhdas vesi edusti Jumalan siunausten rajatonta virtausta hänen kansalleen, ja Hesekieliä käskettiin kahlaamaan yhä syvemmälle veteen!

Jeremian kirjan jakeissa 2:13 ja 17:13 kuvataan Jumalaa "elävän veden lähteenä", ja Joh. 7:37-39 osoittaa, että se on kuvaus Pyhästä Hengestä. Vedellä on kaksi ilmeistä käyttötarkoitusta:

◆ Se on välttämätön elämälle

◆ Se on tärkeää pesussa.

Vanhan testamentin aikaan armeijat pyrkivät hyökätessään katkaisemaan vihollisen veden saannin, koska he tiesivät, että ilman vettä ihmiset kuolevat nopeasti.

Vettä käytetään myös puhdistukseen. Sitä käytettiin kohdissa 2. Moos. 29:4 ja 4. Moos. 8:7 pappien ja leeviläisten pyhittämiseen tehtäväänsä ja kohdissa 3. Moos. 11:40 sekä 15:5-33 ihmisten epäpuhtauden poistamiseen. Lisäksi Hesekielin kirjan jakeissa 36:25-28 Jumala lupasi puhdistaa meidät vedellä ja tehdä meistä uusia ihmisiä.

Nämä jakeet auttavat meitä saamaan kuvan Hengen toiminnasta. Hän on Jumalan siunaus, me tarvitsemme häntä – Jumalan vettä – elämään ja puhdistautumiseen.

Tuli

Tuli on vettäkin tehokkaampaa puhdistuksessa ja kuonan poistossa. Vanhassa testamentissa tuli symboloi Jumalan historiallista väliintuloa ja tapaa, jolla hänen Henkensä puhdisti ihmisten sydämet ja valmisti ne palvelustehtävään. Tämä näkyy voimakkaimmin Jesajan kirjan jakeissa 6:6-9.

Hengen tunteminen

Kun Jumala näyttäytyi ihmisille, hän oli tulen ympäröimä. Esimerkkejä tästä on kohdissa 1. Moos. 15:17, 2. Moos. 3:2, 13:21, 19:18, 5. Moos. 4:11–12 ja Daniel 3:25. Kohdissa 2. Kun. 6:17, 5. Moos. 4:24, Psalmi 66:12, Jesaja 43:2, 66:15, Hesekiel 22:18–22, Sakarja 13:9 sekä Malakia 3:2–3 ja 4:1. Tuli ilmaisi Jumalan läsnäolon, hänen pyhyytensä, hänen tuomionsa ja hänen vihansa syntiä kohtaan. Hän kutsui valittujaan puhdistautumaan ja käymään tulen läpi.

Jesaja 4:2–6 osoittaa, että "puhdistava henki" on tärkeä osa Jumalan puhdistustyötä. Tämä osoittaa, että me tarvitsemme Hengen – eli Jumalan tulen – puhdistusta, jotta meitä voidaan kutsua pyhiksi.

Öljy

Vanhan testamentin aikaan öljyä käytettiin kolmeen käytännölliseen tarkoitukseen:

◆ Keittämiseen – eli ruoanlaitossa

◆ Pimeässä – valonlähteenä

◆ Lääkinnässä – edistämään parantumista.

Kullakin näistä käyttötarkoituksista on ilmeinen Pyhään Henkeen viittaava hengellinen merkitys. Kuitenkin juuri öljyn seremoniallinen käyttö pappien ja kuninkaiden voitelemisessa tehtäväänsä kuvasi selvimmin Jumalan Henkeä.

Öljyllä voitelu symboloi papin tai kuninkaan varustamista tehtäväänsä siihen tarvittavalla Jumalan Hengen voimalla. Esimerkkejä tästä löytyy kohdista 2. Moos. 29:1–7, 3. Moos. 8:1–12, 1. Sam. 10:1–9, 16:13, Jesaja 61:1 sekä Sakarja 4:1–14. Kun öljyä kaadettiin pappien ja kuninkaiden ylle Hengen vertauskuvana, se osoitti, että Henki ravitsisi, valaisisi ja parantaisi ihmisiä voidellun henkilön kautta. Selvin esimerkki tästä on Jesajan kirjan kohdassa 61:1–3.

Kyyhkynen

Monet pitävät nykyään kyyhkystä vain lempeyden vertauskuvana. Mutta Vanhassa testamentissa niillä oli paljon

Pyhä Henki Vanhassa testamentissa

monipuolisempi merkitys. Niihin aikoihin kyyhkysiä käytettiin kolmella eri tavalla:

◆ Niitä käytettiin ravinnonlähteenä

◆ Köyhät ihmiset uhrasivat niitä Jumalalle

◆ Ne veivät sanomia.

1. Mooseksen kirjan kohdassa 8:1–12 kyyhkynen ilmoitti uudesta luomakunnasta ja uudesta elämästä Jumalan lupausten suojassa. Kyyhkynen esitettiin Kuninkaan morsiamena Laulujen laulun kohdissa 2:14, 5:2 ja 6:9. 3. Moos. 5:7–10 osoittaa, että kyyhkynen hyväksyttiin köyhien ihmisten uhriksi.

Hepreankielen kyyhkystä tarkoittava sana on *yownah*. Sen perusteella profeetta Joonana tunnettua miestä voitaisiinkin paremmin kuvailla nimellä Kyyhkynen. Hän oli Jumalan sanansaattaja, joka lähetettiin puhumaan syntisille ja joka vietti kolme vuorokautta valaan vatsassa ennen ylösnousemustaan. Tämä osoittaa, että Hengen laskeutuminen kyyhkysen tavoin Jeesuksen päälle hänen kasteessaan merkitsi paljon muutakin kuin vain lempeyttä. Kyyhkynen:

◆ Osoitti, että Jeesus oli sanansaattaja, joka ravitsisi Jumalan kansan

◆ Paljasti, että uuden luomakunnan aamunkoitto oli käsillä

◆ Osoitti, että Jeesus oli uhri köyhien ihmisten syntien sovitukseksi

◆ Viittasi kuolemaan ja ylösnousemukseen osana Jeesuksen tehtävää syntisten tavoittamiseksi

◆ Osoitti laskeutuessaan, että Jeesus oli sen Hengen voitelema, joka edusti kaikkia näitä asioita ja saisi ne aikaan Jeesuksen elämässä.

Hengen tunteminen

Hengen toiminta

Ilmaisu "Henki" tai "Jumalan Henki" esiintyy Vanhassa testamentissa melkein sata kertaa. Joka kerta se kuvaa, kuinka Jumala toimii, saa aikaan muutoksen ja aiheuttaa ratkaisevan käänteen maailman ja kansansa historiassa. Esiin tuominen ja voimauttaminen ovat selvästi Hengen päätehtäviä, ja Raamatun perusteella voidaan erottaa seitsemän Jumalan Hengen erityistä tehtävää:

Hän muovaa luomakuntaa

1. Moos. 1:2, 2:7, Psalmi 33:6, Job 26:13 ja 33:4 kuvaavat, kuinka Henki muovaa luomakuntaa ja antaa luoduille olennoille elämän. 1. Moos. 1:2 kertoo, kuinka Henki liikkui vetten yllä kuin petolintu odottamassa oikeaa hetkeä syöksyä toimintaan. 1. Moos. 2:7 kertoo, että Jumala puhalsi elämän henkäyksen savesta muovaamansa olennon sieraimiin – ja siitä tuli elävä olento. Kun Jumala oli luonut jotain, Henki teki sen eläväksi – kuullessaan Jumalan sanan. Henki, Jumalan puhallus eli Jumalan henkäys syöksyi toimintaan ja vapautti Jumalan elämää antavan voiman, jolloin elottomasta savesta tuli elävä ja hengittävä ihmiskunta.

Hän ohjaa historiaa

Psalmi 104:29–30 sekä Jesaja 34:16 ja 40:7 kuvaavat, miten Henki ylläpitää elämää ja ohjaa luonnon ja historian vaiheita.

Hän tuo esiin Jumalan totuuden ja tahdon

Raamattu opettaa, että on olemassa vahva yhteys Hengen ja Jumalan sanansaattajilleen eli profeetoilleen ilmoittaman totuuden välillä. Se on profetian perusta ja selittää, miksi monet Vanhan testamentin profeetat todistivat, että heidän puheensa tai kirjoituksensa syntyi, kun Herran Henki laskeutui heihin.

Mooseksen toive 4. Mooseksen kirjan kohdassa 11:29 on ensimmäinen viittaus Hengen ja profetian väliseen yhteyteen. Saulin kokemukset 1. Samuelin kirjan luvussa 10

Pyhä Henki Vanhassa testamentissa

ja jakeissa 19:18-24 osoittavat, että Hengen laskeutuminen johti odottamattomaan profetiaan. Miika 3:8 osoittaa, että Henki ei antanut vain innoitusta vaan myös rohkeutta tuoda sanoma esiin. Lisäksi Joel 2:28 tekee selväksi, että Hengen vuodattaminen saisi ihmiset profetoimaan.

Hesekielin kirjan kohdassa 37:1-2 Henki vie profeetan laaksoon, jossa on kuivia luita, ja paljastaa Jumalan totuuksia näyn avulla. Monet muutkin jakeet osoittavat, kuinka Henki tuo esiin Jumalan totuutta ihmisten saamien oivallusten tai suoran viestinnän kautta. Esimerkkejä tästä on kohdissa 4. Moos. 24:2, 2. Sam. 23:2, 2. Aik. 12:18, 15:1, Nehemia 9:30, Job 32:8, Jesaja 61:1-4, Hesekiel 2:2, 11:24 ja Sakarja 7:12.

Hän opettaa uskollisuutta
Kohdissa Nehemia 9:20, Psalmit 143:10 sekä Jesaja 48:16 ja 63:10-14 Henki opettaa Jumalan totuutta profeetallisten ilmestysten kautta - koko Jumalan kansalle. Hän osoittaa, miten he voivat olla uskollisia ja hedelmällisiä.

Hän herättää ihmisiä näkemään Jumalan
Kaikkialla Vanhassa testamentissa on esimerkkejä siitä, kuinka Henki herättää miehet ja naiset näkemään Jumalan todellisuuden. Hän saa ihmiset vakuuttumaan synneistään. Hän johdattaa heidät tekemään parannuksen ja uskomaan. Hän kehottaa heitä olemaan vanhurskaita ja uskollisia. Hän myös rohkaisee heitä vastaamaan Jumalan ohjaukseen ja kokemaan yhteyttä häneen ylistyksen ja rukouksen avulla.

Psalmissa 51 Daavid huusi Jumalan puoleen syntinsä takia. Henki oli vakuuttanut hänet siitä ja johtanut hänet tekemään parannuksen. Jakeet 10-12 osoittavat, kuinka Henki herätti Daavidin hengelliseen todellisuuteen ja sai hänet toimimaan.

Jesaja 44:3-5 osoittaa, kuinka Henki saa ihmiset kääntymään Jumalan puoleen. Hesekiel 39:29 kertoo, että Henki paljastaa meille Jumalan omat kasvot. Hesekiel 11:19-20 ja 36:25-27 tekevät selväksi, millaisen eron Henki saa aikaan elämässämme. Joelin kirjan jakeissa

Hengen tunteminen

2:28-32 taas esitellään joitakin muutoksia, jotka tapahtuvat elämässämme, kun Henki tulee.

Hän varustaa ihmisiä johtotehtäviin

Raamattu osoittaa, että yksi Hengen päätehtävistä Vanhassa testamentissa oli ihmisten varustaminen hengellisiin johtotehtäviin. 1. Mooseksen kirjan kohdassa 41:33-42 faarao valitsi Joosefin hallitsemaan Egyptiä havaittuaan, että Jumalan Henki oli antanut Joosefille erityistä ymmärrystä ja viisautta.

4. Moos. 11:16-29 tekee selväksi, että myös seitsemänkymmentä vanhinta tarvitsivat johtotehtävissään samaa Henkeä, joka oli varustanut Joosefin hallitsemaan kansaa.

Tuom. 3:10, 6:34, 11:29, 13:25, 14:19 ja 15:14 osoittavat, kuinka Henki antoi sellaisille tuomareille kuin Joosua, Otniel, Gideon, Jefta ja Samson kyvyn johtaa Israelia ja vapauttaa heidät vihollistensa käsistä.

Jumala valitsi itse kaksi ensimmäistä kuningasta eli Saulin ja Daavidin hallitsijoiksi - myöhemmin kuninkuus vain periytyi sukulinjaa pitkin. 1. Sam. 10:10, 11:6, 16:13 ja 19:20-23 kuvaavat, kuinka Henki auttoi näitä kahta kuningasta hallitsemaan Israelia tehokkaasti.

Ihmiset saattoivat toimia profeettoina vain, jos Henki oli kutsunut, innoittanut ja voimauttanut heidät - kuten Elian, Elisan ja Jesajan kohdissa 2. Kun. 2:9-15, Jesaja 11:1-5 ja 42:1-4. Jumala kutsui heidät eteensä paljastaakseen heille aikomuksensa ja myös valtuuttaakseen ja varustaakseen heidät elintärkeillä Hengen antamilla voimavaroilla.

Samoin papitkin voideltiin öljyllä osoituksena siitä, että Jumala oli valinnut ja määrännyt heidät johtamaan. Esimerkiksi kohdissa 2. Moos. 29 ja 3. Moos. 8 toimivalta siirretään Aaronille ja hänen pojilleen, kun Mooses voitelee heidät öljyllä - tämä osoitti, että Henki oli erityisellä tavalla heidän kanssaan.

Pyhä Henki Vanhassa testamentissa

Hän varustaa yksilöt taidoilla ja voimalla
2. Moos. 31:1-3 ja 35:30-35 kertovat, kuinka Henki varusti Besalelin ja Oholiabin kaikenlaisilla kyvyillä ja käsityötaidoilla, jotka auttoivat häntä rakentamaan kauniin pyhäkön. Haggai 2:4-9 ja Sakarja 4:6-10 osoittavat, että Henki varusti myös Serubbabelin rakentamaan hienon rakennuksen Jumalalle. Myös Hiram varustettiin samalla tavoin 1. Kuningasten kirjan kohdassa 7:14.

Nämä miehet olivat todennäköisesti lahjakkaita työntekijöitä jo ennen kuin Henki tuli heihin. Mutta Henki antoi heille erityisiä kykyjä, jotta he pystyivät palvelemaan Jumalaa vieläkin paremmin.

Esikuva
2. Mooseksen kirjan kohdassa 31:3 käytetään Hengen vastaanottamisesta ilmaisua, joka esiintyy monta kertaa Uudessa testamentissa mutta ei missään muualla Vanhassa testamentissa: "täyttynyt Hengellä".

Monet Raamatun totuudet tulevat vain osittain esiin Vanhassa testamentissa. Tästä käytetään nimitystä "esikuva". Se tarkolttaa, että Vanhassa testamentissa nähdään asian varjo – ikään kuin sen ääriviivat mutta ei juurikaan yksityiskohtia – kunnes sen todellisuus paljastuu Uudessa testamentissa. Vanhasta ja Uudesta testamentista onkin sanottu: "Uusi on Vanhassa kätkettynä, ja Uudessa Vanha paljastetaan". Saamme arvokkaita viitteitä totuudesta Vanhasta testamentista, ja Uudessa testamentissa me sitten näemme koko kuvan.

Emme tuntisi Henkeä kovin hyvin, jos ymmärryksemme hänestä perustuisi vain Vanhaan testamenttiin. Tietäisimme, että Jumala toimi Henkensä kautta luodessaan, ohjatessaan, paljastaessaan asioita sekä herättäessään ja varustaessaan ihmisiä. Mutta me emme voisi olla varmoja, että Henki on erillinen persoona. Esimerkiksi Psalmin kohdassa 139:7 kysytään, mihin me voisimme mennä Jumalan Hengen ulottuvilta ja mihin voisimme paeta Jumalan edestä. Tämä ehkä viittaa siihen, että Henki välittää Jumalan läsnäoloa,

Hengen tunteminen

mutta teksti ei tee selvää eroa Jumalan ja hänen Henkensä persoonan välillä.

Jos meillä olisi käytössämme vain Vanha testamentti, me emme pitäisikään Jumalan henkäystä minään muuna kuin Jumalan jatkeena tai ulottuvuutena, emmekä näkisi häntä erillisenä jumalallisena persoonana. Hengen erillinen persoona voidaan – ja Uuden testamentin mukaan pitäisikin – liittää Vanhan testamentin kirjoituksiin, mutta niistä itsestään se ei käy ilmi. Jumalan kolmiyhteinen luonne on ikuinen tosiasia, mutta se ei tule täysin esiin vielä Vanhassa testamentissa. Tämä ei kuitenkaan ole ongelma. Itse asiassa juuri sitä voidaan odottaakin, koska koko Raamatun olemassaolo todistaa Jumalan ilmoituksen kehittymisestä ja laajenemisesta aikojen kuluessa. Raamattu osoittaa, että Jumala paljasti ajan mittaan vähitellen yhä enemmän totuudestaan, joka huipentui Jeesuksen Kristuksen lähettämiseen ja Uuden testamentin kirjoittamiseen.

Vaikka joudummekin odottamaan Uuteen testamenttiin asti ennen kuin näemme täysin selvästi, että Henki ei ole vain voima vaan myös persoona, myös Vanhassa testamentissa on "esikuvia" hänen persoonastaan. Vaikka Vanhan testamentin Henkeen viittaavat kielikuvat voivat olla melko persoonattomia, ne sopivat silti kuvaamaan valtavan voimakasta olentoa. Yhdessä nämä kielikuvat ja toiminnot viittaavat siihen persoonaan, jonka näemme selvemmin Uudessa testamentissa.

Vanhan testamentin todistukset Hengestä ennakoivat tulevaa aikaa, jolloin Henki ilmestyy täydellisemmin. Monet niistä liittyvät tulevaan Messiaaseen, jonka päällä Jumalan Henki lepäisi ennen kokemattomalla tavalla (Jesaja 11:1–5, 42:1–4 ja 61:1–3). Lisäksi siellä on Joelin kirjan (Joel 2:28–29) toivoa herättävä ennustus, että Henki vuodatetaan kaikkien ihmisten päälle.

Jos haluaisimme käyttää nykyaikaista kielikuvaa, voisimme ajatella että Pyhä Henki on kolminaisuuden toimitusjohtaja. Toimitusjohtaja vastaa yrityksen käytäntöjen, ohjelmien sekä johtajien päätösten ja visioiden toimeenpanosta. Niin Pyhä Henkikin toimii Jumalan puolesta ja toteuttaa hänen tahtoaan. Mitään vertauskuvaa ei tietenkään kannata viedä liian pitkälle – viime kädessä ihmisillä ei ole mitään vastineita tälle jumalalliselle toiminnalle. Erityisesti kolminaisuutta korostavat vertauskuvat ovat alttiita sellaiselle harhaopeille kuin *modalismi* (uskomus, jonka mukaan Isä, Poika ja Henki eivät ole kolme erillistä persoonaa) ja *triteismi* (jonka mukaan Isä, Poika ja Pyhä Henki ovat kolme erillistä Jumalaa).

Pyhä Henki

Edellä näimme, että Vanhassa testamentissa on lähes sata viittausta "Henkeen" tai "Jumalan Henkeen", mutta tiedämme myös, että Uudessa testamentissa häntä kutsutaan nimellä *"Pyhä* Henki".

Tätä erityistä nimitystä käytetään Hengestä vain kolme kertaa Vanhassa testamentissa, Psalmien kohdassa 51:11 sekä Jesajan kirjan jakeissa 63:10 ja 11 – siksi Johannes Kastajan viittasi varmasti näihin jakeisiin, kun hän puhui Pyhästä Hengestä kastaessaan Jeesusta Jordanilla.

Psalmi 51

Psalmi 51 on yksi katumuspsalmeista, joka keskittyy voimakkaasti parannuksen tekoon. Sen kirjoittaja on melko varmasti kuningas Daavid, joka on hyvin pahoillaan synneistään ja jakeessa 13 pyytää Jumalalta, ettei hän ottaisi pois Pyhää Henkeään. Jos kirjoittajan Pyhää Henkeä koskeva pyyntö toteutuu, hän lupaa jakeissa 15–16 julistaa syntisille Jumalan tietä ja ylistää Herraa suullaan.

Jesaja 63

Jesajan kirjan jae 63:10 osoittaa, että Pyhä Henki murehtii aina, kun me käännymme pois Jumalan tyköä – se on varmasti parannuksenteon täydellinen vastakohta. Koko luku käsittelee Pyhää Henkeä ja liittää Pyhän Hengen läsnäolon merkkeihin, ihmeisiin ja yliluonnolliseen johdatukseen.

Hengen tunteminen

Psalmi 51 ja Jesaja 63 – kaksi Vanhan testamentin viittausta Pyhään Henkeen – ennakoivat Hengen toimintaa Uudessa testamentissa. Vaikka teksti ei ole kovin yksityiskohtainen, yleiskuva on selvä.

Ihmeellinen Pyhä Henki – Jumalan puhallus – liittyy Raamatussa parannuksen tekoon, Jumalan hyvän uutisen julistamiseen sekä voimallisiin merkkeihin ja erityiseen johdatukseen. Kaikki muut Pyhää Henkeä käsittelevät kohdat vain täydentävät kuvaa.

Osa 2

Henki Uudessa testamentissa

Uusi testamentti kirjoitettiin kreikan kielellä. Kreikan kielen "henkeä" kuvaava sana on *pneuma*, ja sekin on kielikuva. Kuten heprean kielen sana *ruach*, myös *pneuma* merkitsee sekä voimakasta tuulta että persoonallista henkeä. Esimerkiksi Jeesuksen tarkoitus Johanneksen evankeliumin jakeessa 3:8 käy vielä selvemmäksi, kun me oivallamme, että *pneuma* merkitsee sekä tuulta että Jumalan Henkeä.

Jumalan puhallus

Sanan *pneuma* perusmerkitys on tuuli – se tulee kreikan kielen verbistä *pneo*, joka tarkoittaa "puhaltaa", mutta se voi tarkoittaa myös "henkäystä" tai "henkeä". Tuulen tavoin myös Jumalan Henki on voimakas ja näkymätön.

Uudessa testamentissa sanalla *pneuma* on useita merkityksiä. Seuraavassa on muutama esimerkki siitä, mitä sillä saatettiin tarkoittaa. Lukemalla nämä esimerkit useista eri käännöksestä saat täydemmän kuvan niiden merkityksestä:

- ◆ Tuuli – Joh. 3:8
- ◆ Henkäys – Ilmestyskirja 11:11
- ◆ Ihmisen aineeton ja näkymätön osa – Luukas 8:55 ja Apt. 7:59
- ◆ Ruumiista poistunut henki – Luukas 24:37–39 ja Hepr. 12:23
- ◆ Ylösnousemusruumis – 1. Kor. 15:45 ja 1. Tim. 3:16
- ◆ Ihmisen tietoinen osa, jolla me ajattelemme, tunnemme, ymmärrämme ja haluamme – Matteus 5:3 ja Apt. 17:16

Hengen tunteminen

- Tarkoitus tai tavoite – 2. Kor. 12:18 ja Ef. 4:23
- Persoonapronominin vastine, kun halutaan korostaa tai painottaa jotain – 1. Kor. 16:18 ja Filem. 25
- Luonne – Luukas 1:17 ja Room. 1:4
- Moraaliset ominaisuudet:

    Orjuus – Room. 8:15

    Pelkuruus – 2. Tim. 1:7

    Vapaus – Room. 8:15

    Nöyryys – 1. Kor. 4:21

    Usko – 2. Kor. 4:13

    Sävyisyys – 1. Piet. 3:4

- Sisäinen ihminen – Matteus 26:41
- Palvelustehtävää varten annettu jumalallinen lahja – 1. Kor. 14:12
- Näky – Ilmestyskirja 1:10 ja 4:2
- Sanojen merkitys muodon sijaan – Joh. 6:63 ja Room. 7:6
- Pahat henget ja demonit – Matteus 8:16 ja 1. Piet. 3:19
- Enkelit – Hepr. 1:14
- Pyhä Henki – Matteus 4:1 ja Luukas 4:18.

Lukiessamme Uuden testamentin Henkeä käsitteleviä kohtia meidän on hyvä pitää mielessämme sanan *pneuma* uskomaton monivivahteisuus. Jämähdämme helposti kapea-alaiseen käsitykseen Hengestä, tai mielikuvamme hänestä saattaa pohjautua pelkästään omaan taustaamme ja kokemukseemme. On tärkeää, että saamme myös kokonaiskuvan Hengen luonteesta ja toiminnasta.

Henki Uudessa testamentissa

Nimet ja arvonimet

Uudessa testamentissa Hengen nimi ilmaistaan useilla eri tavoilla. Käännettynä sananmukaisesti kreikan kielestä ne ovat seuraavat:

- Henki – Matteus 22:43
- Iankaikkinen Henki– Hepr. 9:14
- (se) Henki – Matteus 4:1*
- Pyhä Henki – Matteus 1:18
- (se) Pyhä Henki – Matteus 28:19
- (se) Henki, (se) Pyhä – Matteus 12:32
- (se) lupauksen Henki, (se) Pyhä – Ef. 1:13
- Jumalan Henki – Room. 8:9
- Elävän Jumalan Henki – 2. Kor. 3:3
- (se) Jumalan Henki – 1. Kor. 2:11
- (se) Jumalamme Henki– 1. Kor. 6:11
- (se) pyhä Jumalan Henki – Ef. 4:30
- (se) Kirkkauden Henki, Jumalan Henki – 1. Piet. 4:14
- Hänen henkensä, joka herätti Jeesuksen kuolleista – Room. 8:11
- (se) Isänne Henki – Matteus 10:20
- (se) Hänen poikansa Henki – Gal. 4:6
- Herran Henki – Apt. 8:39
- (se) Herran henki – Apt. 5:9
- Herra, joka on Henki – 2. Kor. 3:18
- (se) Jeesuksen Henki – Apt. 16:7
- Kristuksen Henki – Room. 8:9
- (se) Jeesuksen Kristuksen Henki – Fil. 1:19

Hengen tunteminen

- Lapseuden Henki – Room. 8:15
- (se) totuuden Henki – Joh. 14:17
- (se) Elämän Henki – Room. 8:2
- (se) armon Henki – Hepr. 10:29

*Lisäsin sanan (se) kuvaamaan kreikan kielen ja englannin kielen määrättyä artikkelia. Suomen kielessä ei käytetä artikkeleita, mutta tässä luettelossa niillä on merkitystä (suom. huom.).

Tämä ilmaisujen moninaisuus on hyvä pitää mielessä, kun luemme ja ajattelemme Henkeä. Voisi olla myös hyödyllistä käyttää niitä enemmän puhuessamme hänestä tai hänelle.

Lukiessamme näistä nimistä ja arvonimistä saatoimme huomata, että joissakin kohdissa on määrätty artikkeli, mutta toisista se puuttuu. Kreikan kielen määrättyä artikkelia ei ole aina esimerkiksi englanninkielisissä käännöksissä käännetty johdonmukaisesti. Useimmissa tapauksissa määrätyn artikkelin puuttuminen johtuu siitä, että *"Pneuma"* on itse asiassa erisnimi – määrättyä artikkelia ei käytetä esimerkiksi Pietarista, Jeesuksesta tai Jumalasta puhuttaessa, mutta yleisnimien "pöytä", "henkäys" ja "tuuli" eteen se liitetään.

Esimerkki tästä on Johanneksen evankeliumin kohdassa 7:39 – joka olisi sananmukaisesti käännettynä: "Tällä Jeesus tarkoitti (sitä) Henkeä, jonka häneen uskovat tulisivat saamaan. Vielä ei Henki ollut tullut". Kun Uudessa testamentissa käytetään sanaa *pneuma* kuvaamaan Jumalan Henkeä, määrättyä artikkelia käytetään pääsääntöisesti silloin, kun Henki erotetaan kolminaisuuden muista jäsenistä – kuten kohdassa Joh. 14:26. Tällöin "Henki" on erisnimi, joka vastaa nimiä "Jeesus" ja "Jumala", ja "(se) Henki" määrätyn artikkelin kanssa on arvonimi, joka vastaa nimiä "Poika" ja "Isä".

Joissakin kohdissa määrätty artikkeli esiintyy sekä sanan *pneuma* että *hagios* edessä. Tämä on tyylikeino, jolla kirjoittaja kiinnittää huomiota Hengen pyhään luonteeseen. Esimerkkejä tästä on kohdissa Matteus 12:32, Markus 3:29, 12:36, 13:11, Luukas 2:26, 10:21, Johannes 14:26, Apt. 1:16, 5:3, 7:51, 10:44,

Henki Uudessa testamentissa

13:2, 15:28, 19:6, 20:23, 28, 21:11, 28:25, Ef. 4:30 sekä Hepr. 3:7, 9:8 ja 10:15.

Tämän kirjan englanninkielisessä alkutekstissä "Pyhä Henki" kirjoitetaankin yleensä määrätyn artikkelin kanssa, mikä kuvaa hänen asemaansa kolminaisuudessa. Suomenkielisessä tekstissä näitä vivahteita ei luonnollisesti voi havaita.

Hengen persoonaluonne

Jeesus korostaa Hengen persoonallista luonnetta erityisellä tavalla Johanneksen evankeliumin kohdissa 14:26, 15:26, 16:8, 13 ja 14. Näissä jakeissa Jeesus käyttää painokasta pronominia *ekeinos* eli "hän" maskuliinimuodossa, kun taas nimisana *pneuma* on kreikan kielessä neutri ja sitä vastaava sana aramean kielessä (jota Jeesus puhui) on *rucha*, joka on feminiini. Tällä tavoin Jeesus korosti, että Henki on "hän" eikä "se"; se ei siis ollut kielivirhe vaan osoitus siitä, että Henki on persoona.

Johanneksen evankeliumin kohdassa 14:17, jossa Henki esitellään ensi kertaa, käytetään kieliopillisesti oikeita neutrimuotoisia pronomineja. Se ei tarkoita, että Pyhä Henki olisi "se" Ilman persoonallisuutta. Kirjoittaja yksinkertaisesti noudattaa kieliopin sääntöjä käyttämällä neutrimuotoista pronominia viitatessaan neutrimuotoiseen nimisanaan.

Hengen persoona tulee selvästi ilmi jakeesta 26, jossa puhutaan "puolustajasta" – joka on kreikankielessä maskuliininen sana *Parakletos*. Tämä korostaa sitä, että Jeesus esitteli Hengen erillisenä persoonana – "puolustajana" eli "henkilönä, joka on kutsuttu rinnallemme puolustamaan meitä".

Hengen persoonaluonteen korostaminen Uudessa testamentissa lisää vivahteita Vanhan testamentin Henkeä tarkoittaviin kielikuviin. Jeesus ja apostolit selvästikin tunnistivat, että Henki toimi persoonana Vanhassa testamentissa ja että viittaukset Jumalan henkäykseen tarkoittivat Hengen toimintaa persoonana. Esimerkkejä:

Hengen tunteminen

- Markus 12:36, Apt. 1:16 ja 4:25 – Herran Hengen kerrotaan puhuneen Daavidin kautta 2. Samuelin kirjeen kohdassa 23:2

- Luukas 4:18–21 – Täynnä persoonallisen Pyhän Hengen voimaa Jeesus väittää, että hänen julistuksessaan toteutuu Jesajan oma todistus voitelustaan Hengessä (Jesaja 61:1–4)

- Joh. 3:5–10 – Jeesus nuhtelee Nikodemusta, koska hän ei ymmärrä, että Jeesuksen opetus "vedestä ja Hengestä" viittaa Hesekielin kirjan kohtiin 36:25–27 ja 37:1–14

- Apt. 28:25, Hepr. 3:7 ja 10:15–17 – Henkeen sovelletaan Vanhan testamentin opetusta Uuden testamentin tulkinnan mukaisesti

- Apt. 2:16–18 – Pietari tunnistaa Joelin kirjan (Joel 2:28–29) ennustuksen toteutuneen persoonallisen Hengen vuodatuksessa.

Uudessa testamentissa Pyhä Henki esitellään selvästi kolminaisuuden kolmantena jäsenenä. On ilmiselvää, että hän on sekä kokonainen persoona että täysin jumalallinen. Jos "Pyhä Henki" olisi vain tapa kuvailla Jumalan voimaa, Uudessa testamentissa Hengestä käytettäisiin jatkuvasti sanaa "se" eikä "hän". Häntä ei kuvattaisi toimimassa täysin persoonallisella tavalla. Uusi testamentti tuo esimerkiksi esiin, että Pyhä Henki kuulee, puhuu, auttaa, todistaa, vakuuttaa, käskee, kertoo, ilmoittaa, johtaa, ohjaa, murehtii, opettaa, kieltää, vastustaa, tahtoo ja antaa sanat. Voitaisiin väittää, että Pyhän Hengen murehduttaminen tarkoittaisi yksinkertaisesti Jumalan murehduttamista. On kuitenkin epätodennäköistä, että Henki voisi tehdä kaikki nämä asiat, jos hän ei olisi erillinen persoona.

Henki myös esirukoilee Isää uskovien puolesta. Hänen olisi mahdotonta esirukoilla, jos hän olisi vain Jumalan jatke, joten juuri Hengen esirukoustehtävä todistaa kiistämättömästi, että hän on erillinen persoona.

Henki Uudessa testamentissa

Kaiken lisäksi, jos "Pyhä Henki" olisi vain yksi tapa kuvailla Jumalan läsnäoloa, Uusi testamentti ei todistaisi niin selvästi, että hän on Jumala mutta erotettavissa "Isästä" ja "Pojasta". Sellaiset kohdat kuin Matteus 28:19, Apt. 5:3-4, 1. Kor. 12:4-6, 2. Kor. 13:14, Ef. 1:3-14, 2:18, 3:14-19, 4:4-6, 2. Tess. 2:13-14, 1. Piet. 1:2 ja Ilmestyskirja 1:4-5 liittävät Isän, Pojan ja Pyhän Hengen yhteen tavalla, joka ei jätä sijaa epäilykselle: Pyhä Henki on täysin jumalallinen. Henki todella on Kaikkivaltias Jumala!

Johanneksen ilmoitus

Kuka tahansa, joka ei tunne Jeesusta ja etsii tietoa evankeliumista, törmää Johannes Kastajan ilmoitukseen, että Jeesus "kastaa teidät Pyhällä Hengellä ja tulella". Tämä ilmoitus on kirjattu kaikkien evankeliumien alkuun: Matteus 3:1-12, Markus 1:1-8, Luukas 3:1-18 ja Joh. 1:19-34. Johanneksen näkökulmasta Jeesuksen tärkein yksittäinen tehtävä olikin kastaa ihmisiä Pyhällä Hengellä ja tulella.

Johannes vertasi omaa vedellä kastamistaan "häntä väkevämmän" kasteeseen Hengellä ja tulella. Aivan kuten Johannes upotti ihmisiä veteen, Jeesuksen seuraajat upotettaisiin Pyhään Henkeen ja tuleen. Johanneksen kuulijat tunsivat kirjoitukset todella hyvin, joten tämän täytyi tuoda heille mieleen Vanhan testamentin kielikuvat Jumalan Hengestä ja erityisesti Psalmin 51 ja Jesajan kirjan 63. luvun kuvaukset.

Mutta Johanneksen maininta kastamisesta tulella saattoi askarruttaa hänen kuulijoitaan. He varmasti tunsivat sellaiset kohdat kuin Jesaja 1:25, 4:3-6, Daniel 7:10, Sakarja 13:9 ja Malakia 3:2-3, joissa kuvataan Hengen tulemista tuomitsemaan ja puhdistamaan ihmisten elämän.

Kaikki tämä osoittaa, että Johanneksen kaste voi pestä, mutta Jeesuksen kaste puhdistaa meidät nyt pelastaakseen meidät tuomiolta. Johanneksen vesikaste voi "pyyhkäistä taulun puhtaaksi", mutta Jeesuksen kaste Hengellä ja tulella lupaa muuttaa koko taulun.

Hengen tunteminen

Huomaa, että Johanneksen ilmoituksen voi kääntää yhtä hyvin sekä "hän kastaa teidät Pyhässä Hengessä ja tulessa" että "hän kastaa teidät Pyhällä Hengellä ja tulella". Tämä johtuu kreikan kielen datiivirakenteesta, jonka takia sana *en* (joka voi tarkoittaa "jossakin", "jollakin" tai "jonkin avulla") voidaan tulkita jommallakummalla tavalla. Kumpikin tulkinta korostaa keskeistä totuutta. Ensimmäinen osoittaa, että Kristus kastaa meidät "Hengessä" tai "Henkeen" – tässä Pyhä Henki on kuin aine, johon Jeesus kastaa uskovat, aivan kuten Johanneksen kasteena aineena oli vesi. Toisessa tulkinnassa kreikan kielen rakenteen ajatellaan viittaavan apuvälineeseen, ja se korostaa ajatusta, että Jeesus kastaa meidät Pyhän Hengen "avulla" Pyhällä Hengellä. Seuraavassa käsitellään kumpaakin tulkintaa.

Luukaan erityinen ilmaisu
Edellä nähtiin, että 2. Mooseksen kirjan kohdassa 31:3 Besalelin sanottiin olevan "täytetty Hengellä". Luukas käyttää samaa ilmaisua yhä uudelleen evankeliumissaan ja Apostolien teoissa – joka on myös hänen kirjoittamansa. Luukas käyttää tätä ilmausta kuvaamaan, mitä tapahtui tavallisille ihmisille, kuten Elisabet ja Sakarias – Luukas 1:41 ja 67 – ja myöskin sellaisille ihmisille, kuten Johannes ja Jeesus – Luukas 1:15, 4:1. Hän käyttää samaa ilmaisua vielä seitsemän kertaa Apostolien tekojen kohdissa 2:4, 4:8, 6:5, 7:55, 9:17, 11:24 ja 13:52.

Luukas käyttää "täyttämisestä" kreikan kielen sanaa *pletho*. Samaa kreikan kielen sanaa käytetään kohdissa Matteus 27:48 ja Johannes 19:29 kuvaamaan, miten sieni kastettiin Jeesusta varten hapanviiniin. Ristin luona kuiva sieni kastettiin ruukkuun, joka oli täynnä viiniä. Viiniä ei kaadettu sieneen vaan sieni täytettiin kastamalla se viiniin. Näin mekin täytymme Pyhällä Hengellä. Henki ei ole kokonaan meidän sisällämme, vaan Jeesus kastaa meidät Pyhään Henkeen kuin sienen, joka täytetään nesteellä. Me olemme Hengen kyllästämiä, me olemme Hengen täyttämiä, koska meidät on upotettu Henkeen ja Hengen läsnäolo valtaa elämämme.

Henki Uudessa testamentissa

Luukas käyttää samaa ilmaisua sekä täyttymisen kokemuksesta että sen tuloksesta – Luukas 1:41, 4:1 sekä Apt. 2:4 ja 4:8. Tämä osoittaa, että me pysymme Hengen täyttäminä niin kauan kuin jatkamme elämistä Hengessä.

Jeesuksen palvelustehtävä

Evankeliumit osoittavat, että Jeesus eli Pyhässä Hengessä maanpäällisen elämän ensi hetkistä lähtien. Matteus 1:18–21 ja Luukas 1:31–35 osoittavat, kuinka Pyhä Henki hedelmöitti Jeesuksen äidin, jotta Jeesus olisi pyhä ja Jumalan oma Poika.

Vaikka Jeesus oli täysin jumalallinen, hän ei pitänyt kiinni oikeudestaan olla Jumalan vertainen. Fil. 2:5–11 osoittaa, että hän tyhjensi itsensä. Hän luopui majesteettisuudestaan ja tuli nöyräksi. Hän päätti laittaa kaikkivaltiutensa ja kaikkitietävyytensä syrjään ja ottaa kannettavakseen kaikki ihmisen heikkoudet syntiä lukuun ottamatta.

Jeesus ei lakannut olemasta Jumala – koska hän ei voinut luopua jumalallisesta luonnostaan – sen sijaan hän luopui asemastaan ja kunniastaan Jumalana ja otti orjan muodon. Ja juuri siitä syystä, että Jeesus oli vapaaehtoisesti ottanut ihmisen muodon, hänet täytyi täyttää Hengellä ennen kuin hän voi aloittaa palvelustehtävänsä.

Sillä hetkellä, kun Johannes kastoi Jeesuksen, hän sai palvelustehtävänsä ja hänet varustettiin sitä varten. Matteus 3:13–17 kertoo, että hänen noustessaan vedestä Henki tuli alas kyyhkysen muodossa ja Isä ilmoitti: "Tämä on minun rakas Poikani, johon minä olen mieltynyt."

Sillä hetkellä Jeesus voideltiin ja varustettiin palvelustehtäväänsä. Markus 1:12–13 osoittaa, että ensi töikseen Henki ajoi Jeesuksen erämaahan, jossa hän kävi hurjan taistelun Paholaisen kanssa. Luukkaan evankeliumin kohdassa 4:1 kerrotaan, että mennessään erämaahan Jeesus oli "täynnä Pyhää Henkeä", mutta Luukas 4:14 kertoo, että palatessaan erämaasta hän oli "täynnä Hengen voimaa".

On ratkaiseva ero siinä, onko täynnä Pyhää Henkeä vai täynnä Hengen voimaa. Edellinen on perusedellytys, jälkimmäinen

Hengen tunteminen

on tulosta siitä, että tämän edellytyksen ansiosta on elänyt kuuliaisena ja voittanut kiusauksen. Jeesuksen hengellinen voima oli tulosta hänen hengellisestä puhtaudestaan tämän demonisen kiusauksen aikana.

Luukas 4:16–27 kuvaa, kuinka Jeesus meni erämaasta Nasaretin synagoogaan, jossa hän lainasi Jesajan kirjan lukua 61 ja sovelsi sitä itseensä. Joella hänet oli voideltu tehtäväänsä. Apostolien tekojen kohdassa 10:38 pohditaan tätä voitelua ja todetaan, että – aina siitä hetkestä lähtien – Jumala oli "hänen kanssaan".

Hengen voitelun ansiosta Jeesus pystyi tekemään sitä, mihin hän ei – ihmisenä – ollut aikaisemmin pystynyt. Tämä ei tarkoita, että Poika olisi lakannut olemasta Jumala, vaan että jumalihmisenä hän päätti olla käyttämättä jumalallisia voimiaan. Sen sijaan hän oli kaikessa riippuvainen Pyhästä Hengestä aivan samalla tavoin, kuin hän kehottaa meitä luottamaan Hengen voimaan. Saatuaan Hengen voitelun Jeesus "teki hyvää ja paransi kaikki, jotka olivat joutuneet Paholaisen valtaan". Koko Jeesuksen palvelutehtävä oli Hengen läpäisemä. Pyhä Henki oli hänen elämänsä, voimansa ja tunteittensa lähde:

- ◆ Henki täytti Jeesuksen riemulla – Luukas 10:21
- ◆ Hän ajoi pahoja henkiä ulos Hengen voimalla – Matteus 12:28
- ◆ Hän opetti Hengen voimalla – Apt. 1:2
- ◆ Hän uhrasi itsensä Hengen voimalla – Hepr. 9:14.

Voidaan sanoa, että Jeesuksen elämä, kasvu, luonne, tunteet ja palvelutehtävä olivat kaikki tulosta Hengestä syntymisestä, Pyhällä Hengellä täyttymisestä ja alituisesta elämästä Hengessä.

Parakletos

Uuden testamentin mukaan Jeesus opetti vain vähän Hengestä ennen viimeistä ehtoollista – Joh. 13–17. Tällä

Henki Uudessa testamentissa

jäähyväisaterialla Jeesus selitti, että hänen lähtemisensä oli apostoleille hyödyksi. Johanneksen evankeliumin jakeessa 16:7 Jeesus sanoi, että *Parakletos* ei tulisi ellei hän lähtisi. Viimeisellä ehtoollisella Jeesus käytti viisi kertaa Hengestä sanaa *Parakletos*. Puhuessaan "toisesta" puolustajasta Johanneksen evankeliumin jakeessa 14:16 hän käytti kreikan kielen sanaa *allos*. Käyttämällä sanaa *allos* eikä *heteros* Jeesus korosti sitä, että Henki on "toinen samanlainen" eikä "toinen erilainen" kuin Jeesus.

Sanaa *Parakletos* on vaikea kääntää muille kielille. Monissa raamatunkäännöksissä käytetään eri sanoja, esimerkiksi neuvonantaja, puolustaja, auttaja tai rohkaisija. Sana on peräisin verbistä *parakaleo* – joka tarkoittaa "kutsua rinnalle". Tämä osoittaa, että Pyhä Henki kutsutaan rinnallemme ja että hän kutsuu rinnaltamme. Hän tulee rinnallemme auttamaan meitä, puhumaan meidän puolestamme, lohduttamaan, rohkaisemaan ja neuvomaan meitä. Hän auttaa meitä samalla tavoin kuin Jeesus!

Joh. 14:25–27 osoittaa hänen olevan opettaja; jakeessa 15:26 sanotaan, että hän todistaa Jeesuksesta, jakeissa 16:7–11 viitataan hänen tärkeään tehtäväänsä maailmassa – näyttää sille todeksi synnin, vanhurskauden ja tuomion – ja jakeessa 16:13 luvataan, että Henki johtaa opetuslapset koko totuuteen.

Hengen toiminnan ydinajatus tulee esiin Johanneksen evankeliumin kohdassa 16:14–15. Siinä Jeesus selittää, että Henki "kirkastaa minua". Kaikkien Hengen sanojen ja tekojen tarkoitus on kirkastaa, valaista Jeesusta ja kiinnittää maailman huomio häneen. Huomaa, että hänen tehtävänsä kohdistuu seurakunnan sijasta maailmaan. Meidän on syytä muistaa tämä tärkeä periaate.

Pyhä Henki ei koskaan vedä ihmisten huomiota itseensä. Hän pysyttelee aina taka-alalla varmistaen, että kaikki kunnia ja huomio kohdistuu Jeesukseen. Kun me olemme täynnä Pyhää Henkeä, me käyttäydymme varmasti samoin.

Hengen tunteminen

Seurakunnan alku

Jeesuksen viimeinen viesti apostoleille oli *Parakletoksen* esittely. Sen jälkeen hän lähti Golgatalle. Kolme päivää myöhemmin hän murtautui ulos haudasta ja käveli lukittujen ovien läpi seuraajiansa iloksi. Hänen ensimmäiset sanansa opetuslapsille Johanneksen evankeliumin jakeissa 20:20-22 muistuttavat Vanhan testamentin kohtia 1. Moos. 2:7 ja Hesekiel 37:5-9: "Rauha teille! Niin kuin Isä on lähettänyt minut, niin lähetän minä teidät." Sanottuaan tämän hän puhalsi heitä kohti ja sanoi: "Ottakaa Pyhä Henki."

Jeesuksen puhaltaminen näytti olevan profeetallinen teko, joka toteutui helluntaina, kun Henki laskeutui taivaasta kuin tuulispää. Aivan kuten Jeesus joutui odottamaan Jumalan Henkeä kasteeseensa asti, seurakuntakin joutui odottamaan Henkeä helluntaihin asti.

Jeesuksen viimeiset sanat ennen Getsemanea, hänen ensimmäiset sanansa opetuslapsille ylösnousemuksen jälkeen ja hänen viimeiset sanansa ennen taivaaseenastumista käsittelivät kaikki Pyhää Henkeä. Apostolien tekojen jakeissa 1:1-8 hän muistutti opetuslapsia Johanneksen ilmoituksesta, ja - juuri ennen nousemistaan taivaaseen - hän lupasi heille, että he saisivat voiman, kun Pyhä Henki tulisi heihin.

Helluntai

Uuden testamentin aikaan helluntaina juhlittiin sadonkorjuun ensimmäisen vaiheen päättymistä. Ensihedelmät oli poimittu. Myöhempi sade eli kevätsade oli tullut. Juutalaiset odottivat kolmea kuivaa, kuumaa, työntäyteistä kesäkuukautta, jolloin he korjaisivat sadon. Tätä taustaa vasten on helppo ymmärtää, miksi Jumala valitsi helluntain täyttääkseen seurakunnan voimalla. Se oli sadonkorjuun aikaa, ja siihen tarvittiin Hengen apua.

Helluntaista kerrotaan Apostolien tekojen jakeissa 2:1-41. Jeesus oli käskenyt opetuslapsia pysymään Jerusalemissa kunnes he saisivat luvatun voiman. He tottelivat, ja Jeesus piti lupauksensa.

Henki Uudessa testamentissa

Helluntaina:

- Huone toimi kastepaikkana
- Kastettavina olivat opetuslapset
- Kastaja oli Jeesus
- Aineena kasteessa oli Pyhä Henki
- Tuloksena oli, että "he tulivat täyteen Pyhää Henkeä".

Tuliset kielet, jotka ilmestyivät helluntaina, olivat hätkähdyttävä muistutus ensimmäisen temppelin vihkimisestä 2. Aikakirjan jakeissa 7:1-3. Jumalan tuli laskeutui silloin osoittamaan, että Jumala oli tullut asumaan maanpäälliseen kotiin. Tämä toistui myös helluntaina.

Helluntaipäivänä Henki laskeutui pyhänä tulena ja Jumalan uusi temppeli – seurakunta – puhdistettiin, vihittiin tehtäväänsä, ympäröitiin kirkkaudella ja täytettiin Jumalan voimalla ja läsnäololla. Jumala oli johdattanut Israelin kansan erämaan halki tulipatsaan muodossa. Jeesus oli luvannut, että *Parakletos* johdattaisi opetuslapsia. Siksi Henki tuli alas tulen muodossa opastamaan seurakuntaa.

Jumala oli ilmoittanut läsnäolonsa ja luonteensa tulessa, joka oli leimunnut pensaassa kuluttamatta sitä. Hän oli sitten antanut Moosekselle tehtävän, jonka toteuttaminen kesti hänen koko loppuelämänsä. Niinpä Henki tuli helluntaina tulen muodossa osoittaakseen Jumalan läsnäolon ja luonteen ja antaakseen seurakunnalle tehtävän, jonka toteuttaminen kestäisi aikojen loppuun asti.

Pyhä tuli oli puhdistanut Jesajan huulet ja antanut hänelle sanat puhuttavaksi kansalle. Niin myös seurakunta sai Hengen innoittaman puheen lahjan todistaakseen Jeesuksesta – aivan kuten Jeesus oli luvannut. *Parakletos* oli kutsuttu opetuslasten rinnalle auttamaan heitä todistamisessa.

Tuuli
Mahtavan tuulispään ääni osoitti helluntaina, että Jumala puhalsi taas.

Hengen tunteminen

Jumalan raju tuuli oli toiminut luomisessa. Hän oli kuivannut vedenpaisumuksen vedet aloittaakseen uuden aikakauden. Hän oli jakanut Punaisenmeren päästääkseen juutalaiset luvattuun maahan. Hän oli luonut mahtavan armeijan laakson kuolleista luista.

Jumalan Hengen pyörremyrsky puhalsi nyt seurakuntaan. Hän tuli rinnallemme puhaltamaan energiaa ja voimaa, tuomaan uuden järjestyksen ja tekemään alokkaista armeijan.

Tulos

Apostolien tekojen jakeessa 2:4 kerrotaan ensimmäisestä tuloksesta: opetuslapset "tulivat täyteen Pyhää Henkeä ja alkoivat puhua eri kielillä sitä mitä Henki antoi heille puhuttavaksi". Sitten Pietari astui juutalaisten eteen ja selitti, että nyt oli toteutunut se, mitä profeetta Joel oli ennustanut. Jumala oli vuodattanut Henkensä heidän ylleen.

Helluntai oli kuitenkin vasta ensihedelmä. Se oli ensimmäinen erä eikä koko pakkaus. Jumalan Hengen sadonkorjuu oli alkanut, mutta se ei olisi vielä pitkään aikaan ohi. Pietari ei väittänyt, että profetia olisi toteutunut kokonaan. Hän vain selitti, että tämä oli sitä, mistä Joel oli puhunut. Joel 2:28–32 toteutui vain niiden ihmisten kokemuksessa, jotka olivat paikalla helluntaina. Nyt profetian oli kuitenkin mahdollista toteutua koko ihmiskunnan kokemuksessa. Hengen tuleminen oli vasta ensihedelmä. Tulossa oli vielä paljon enemmän.

Julistusta Jeesuksesta

Joelin lainauksen jälkeen Pietari piti ensimmäisen helluntaisaarnan. "Israelilaiset, kuulkaa mitä teille sanon! Jeesus Nasaretilainen..." Hengen avulla Pietari saarnasi Jeesuksesta. Kolmetuhatta ihmistä vastasi kutsuun – tämän eron teki Henki.

Helluntaina ylösnoussut Kristus teki sen, mitä Johannes kastaja oli luvannut hänen tekevän. Hän kastoi ihmisiä Pyhällä Hengellä ja tulella. Hengen vuodatus osoitti, että Jeesus oli

Henki Uudessa testamentissa

noussut taivaaseen ja asettunut Isän oikealle puolelle. Se todisti, että Jeesus oli elossa!

Helluntaina Henki tuli asumaan seurakuntaan. Hengen ansiosta seurakunnasta voi tulla kaikkea sitä, mitä Kristus halusi ruumiinsa olevan maan päällä.

Hengen aikakausi
Helluntaista lähtien me olemme eläneet "Hengen aikakautta". Se eroaa selvästi Vanhassa testamentissa kuvatusta ajasta ennen helluntaita. Yksi tärkeimmistä eroista on se, että Pyhä Henki on nyt täysin kaikkien Jumalaa palvelevien ihmisten saatavilla.

Ennen helluntaita Henki annettiin vain joillekin erityisille uskoville – pääasiassa profeetoille, tuomareille ja joillekin kuninkaille. 4. Moos. 11:16–30 kuvaa, kuinka Mooses tarvitsi apua, mutta hän voi jakaa taakkansa vain niiden seitsemänkymmenen vanhimman kanssa, joihin Henki tuli. Jakeessa 29 Mooses huudahti: "Kunpa koko Herran kansa olisi profeettoja ja saisi Herran hengen!" Joelin kirjan jakeissa 2:28–29 ennakoitiin aikaa, jolloin Jumala tekisi juuri niin.

Jumala piti lupauksensa helluntaina, kun hän vuodatti Henkensä rajoituksetta seurakunnan päälle. Helluntaina Jumalan Hengen antamista ei enää rajoitettu ja sen vastaanottaminen oli mahdollista kaikille.

Siitä lähtien koko "Hengen aikakauden" ajan jokainen uskova kristitty on voinut vastaanottaa Pyhän Hengen. Kaikki Hengen luonteen ja voiman piirteet, jotka on kuvattu Vanhassa ja Uudessa testamentissa, ovat nyt kaikkien uskovien saatavilla.

Jatkuva todistus
"Hengen aikakaudelle" on tunnusomaista, että Henki todistaa Jeesuksesta. Helluntaista lähtien Henki on todistanut Jeesuksesta jatkuvasti, kirkastanut Jeesusta ja kiinnittänyt maailman huomion Jumalan ainokaiseen Poikaan.

Hengen todistus osoittaa ihmiskunnan synnin ja saa meidät myöntämään, että olemme väärässä, syyllisiä ja tarvitsemme

Hengen tunteminen

anteeksiantoa. Hän toimii ihmisten elämässä osoittaen, kuinka vakava asia on, jos hylkäämme Jeesuksen – tai emme ota häntä tarpeeksi vakavasti.

Vakuuttaessaan ja tuomitessaan ihmisiä Henki käyttää kristittyjen saarnoja, evankeliointia, todistusta, rakkauden tekoja, hyviä töitä, lähetystyötä, seurakuntien istutusta, rukousta, esirukousta jne. Kristityt ovat todistaessaan riippuvaisia hänestä, sillä hän iskostaa ihmisten mieleen totuudet, joita kristityt julistavat Jeesuksesta.

Pyhä elämäntapa
Edellä nähtiin, että vesi on Raamatussa tärkeä Henkeen viittaava kielikuva. Vesi hakeutuu aina matalimpiin paikkoihin. Niinpä Pyhä Henkikin toimii aina huomaamattomasti. Missään Uuden testamentin kohdassa hän ei kiinnitä ihmisten huomiota itseensä vaan aina Poikaan ja Isään. Tällainen pyhä nöyryys on niiden ihmisten tärkeä tunnuspiirre, jotka ovat oikeasti Pyhän Hengen ohjauksessa.

Galatalaiskirjeen kohdassa 5:16–26 Paavali asettaa vastakkain "lihan teot" ja "Hengen hedelmän". Hän osoittaa, että Hengen johdatuksessa olevien ihmisten elämäntyyliin kuuluvat "rakkaus, ilo, rauha, kärsivällisyys, ystävällisyys, hyvyys, uskollisuus, lempeys ja itsehillintä". Paavali tekee selväksi, että "vihamielisyys, riidat, kiihkoilu, kiukku, juonittelu, eripuraisuus, lahkolaisuus ja kateus" ovat täysin vastakkaisia Hengelle.

Johanneksen evankeliumin jakeessa 14:26 Jeesus lupasi, että Henki lähetettäisiin "minun nimessäni". Hän on Jeesuksen asiamies ja henkilökohtainen edustaja. Hän pysyy opetuslasten kanssa ja vetää ihmisiä kumppanuuteen, jolle on tunnusomaista usko, toivo, rakkaus, kuuliaisuus, palvonta ja omistautuminen Kristukselle.

Perustotuus
Johanneksen evankeliumin jakeessa 14:26 Jeesus opetti, että *Parakletos* "opettaa teille kaiken ja palauttaa mieleenne kaiken,

Henki Uudessa testamentissa

mitä olen teille puhunut". Jakeessa 16:13 hän sanoi myös, että Henki johtaisi hänen seuraajansa tuntemaan koko totuuden.

Helluntaista lähtien Henki on aina toiminut seurakunnan opettajana ohjaten meitä hienovaraisesti totuuteen. Itse asiassa koko Raamattu on "henkeytetty" meille. Henki opettaa meille muistuttamalla ja opettamalla meitä ymmärtämään, mitä Jeesus puhui. Jeesuksen käyttämä sana "kaikki" Johanneksen evankeliumin jakeissa 14:26 ja 16:13 ei tarkoita, että Henki opettaisi meille kaiken tarvittavan mistä tahansa asiasta. Sen sijaan se tarkoittaa, että hän opettaa meille "kaiken, mitä meidän tulee tietää Jeesuksesta".

Myös "tulevat asiat" viittaavat siihen, mitä Jeesuksella oli edessään – risti, ylösnousemus, hallintavalta, paluu maan päälle ja kaiken ennalleen asettaminen – eivät siihen, mitä meillä on edessämme. On syytä muistaa, että Henki ohjaa meidät aina Jeesuksen luo.

Hengen lahjat
Kun Mooses toivoi, että koko Jumalan kansa profetoisi, hän kaipasi sitä, että Henki antaisi Jumalan kansalle kyvyn toimia korkeammalla – yliluonnollisella – tasolla. Juuri näin Henki on tehnyt helluntaista lähtien. Hän on antanut Jumalan kansalle "lahjoja", jotka ovat auttaneet meitä tehtävässämme Jumalan valtakunnan pystyttämisessä.

Uudessa testamentissa näitä lahjoja kuvataan useilla tavoilla. Room. 12:3–13, 1. Kor. 12:1–11 ja Ef. 4:1–13 kuitenkin osoittavat, että "hengelliset lahjat" on annettu koko Jumalan kansalle, jotta se voisi todistaa, palvoa ja tehdä työtä Jumalan valtakunnan puolesta. Näitä lahjoja ei ole varattu vain harvoille. Ne ovat työkaluja, joilla uskovat saavat työn tehdyksi! Palaamme tähän asiaan vielä myöhemmin.

Jatkuva muutos
Meidän ei pidä unohtaa, että Henki ei ole vain hiljaista vettä vaan myös Jumalan tuuli eli puhallus. Hän on pyhä pyörremyrsky, jota me emme voi ennakoida tai hallita.

Hengen tunteminen

Vaikka tiedämme, että hän on Jumalan voima toiminnassa, meidän täytyy myös oivaltaa, että usein hän myös aiheuttaa elämässämme yllätyksellisiä käänteitä.

Apostolien teoissa luetellaan joitakin tärkeimpiä Hengen aiheuttamia muutoksia: helluntain hämmästyttävät tapahtumat, Pietarin kamppailu ennen lähtöään Corneliuksen kotiin ja Paavalin lähetysmatkat.

Paavalin kirjeet osoittavat, kuinka Totuuden Henki muutti uskovien näkemykset pakanoista, ympärileikkauksesta, uskosta ja armosta. Ja halki vuosisatojen – aina nykyaikaan asti – seurakunta on jatkuvasti kamppaillut pysyäkseen Hengen perässä, kun hän on kehottanut meitä omaksumaan uusia tapoja välittää Jumalan rakkautta ja uusia käytäntöjä, jotka toimivat paremmin nykyisessä kulttuurissamme.

Kristuksen läsnäolo

Johanneksen evankeliumin jakeet 14:21–23 ovat avaimia koko Uuden testamentin opetukseen Hengestä. Hänen tehtävänsä on tehdä Kristuksen läsnäolosta – ja yhteydestä hänen ja Isän kanssa – todellinen kokemus kaikille niille, jotka osoittavat rakastavansa Jeesusta tottelemalla hänen sanojaan.

Henki paljastaa meille Jeesuksen. Hän vetää meitä Kristuksen läsnäoloon ja auttaa meitä elämään yhteydessä hänen kanssaan. Uusi testamentti osoittaa selvästi, että Pyhän Hengen perustehtävä on kirkastaa ja tuoda esiin Jeesusta tällä tavoin.

Hänet on lähetetty seisomaan rinnallamme ja sanomaan: "Katso Jeesukseen, kuuntele häntä, ota vastaan hänen rakkautensa, nauti hänen elämästään, opi tuntemaan hänet paremmin, maista hänen iloaan ja rauhaansa". Hänen tehtävänsä on yksinkertaisesti tuoda meidät ja Kristus yhteen – ja varmistaa, että me pysymme yhdessä ikuisesti.

Osa 3

Henki ja Jeesus

Esittelemällä Pyhän Hengen Johanneksen evankeliumin jakeissa 14:15-18 nimellä *allos Parakletos* Jeesus teki selväksi, että tämä avustaja-lohduttaja-rohkaisija-puolustaja olisi "toinen samanlainen" kuin hän itse. Koska Henki on *allos* Jeesus, me voimme nähdä Hengen luonnon ja luonteen katsomalla Jeesusta. Jos haluamme todella tietää, millainen Henki on, meidän pitää vain katsoa, mitä Raamattu kertoo Jeesuksesta.

Mutta siitä huolimatta, että Jeesus oli ja on täydellisesti Jumala, hän oli ja on myös ihanneihminen. Katsomalla Jeesukseen me voimme siis nähdä, millaisiksi meidät on tarkoitettu. Jokainen Kristuksen sana ja teko on meille esimerkkinä siitä, kuinka jokaisen ihmisen tulisi elää.

Ihanneihmisenä Jeesus oli täysin riippuvainen Pyhästä Hengestä. Jeesus oli täynnä Henkeä ja hän eli yhteydessä – tai kumppanuudessa – Hengen kanssa. Maallisen elämänsä ja tehtävänsä aikana Jeesus luotti täysin Pyhän Hengen aloitteisiin, ohjaukseen ja voimaan.

Tämän takia evankeliumien kuvaus Jeesuksen elämästä ja palvelustehtävästä antaa meille paitsi täydellisen kuvan Hengen luonnosta ja luonteesta myös täydellisen esimerkin siitä kumppanuudesta, joka meillä pitäisi olla Hengen kanssa.

Voideltu

Jeesus tunnetaan kaikkialla maailmassa arvonimellä Kristus. Se on peräisin kreikan kielen sanasta *Christos*, joka tarkoittaa voideltua. *Christos* tarkoittaa täsmälleen samaa kuin heprean kielen sana *Messiah*. Jos sanotaan, että Jeesus on "Messiah", se tarkoittaa aivan samaa kuin sanoisimme, että hän on "Kristus". Kumpikin arvonimi osoittaa, että Jeesus on "Voideltu".

Hengen tunteminen

Jeesus väitti olevansa voideltu Luukkaan evankeliumin jakeissa 4:18-21, ja Pietari tunnisti Jeesuksen Kristukseksi eli Voidelluksi kohdissa Markus 8:29 ja Apt. 10:38. Näistä jakeista käy selvästi ilmi, että voitelu on Pyhä Henki ja että voitelu on tarkoitettu palvelusta varten.

Edellä nähtiin, että Vanhassa testamentissa profeetat, papit, kuninkaat ja pyhät esineet voideltiin pyhällä öljyllä, jolla ne pyhitettiin Jumalalle ja omistettiin Jumalan palvelukseen. Uudessa testamentissa symbolinen voitelu elottomalla pyhällä öljyllä muuttui hengelliseksi todellisuudeksi, jossa voitelu oli elävä persoona, Pyhä Henki.

Tämä voitelu pyhittää ihmisiä vieläkin Jumalalle ja erottaa heidät palvelukseen, mutta se menee vielä pitemmälle. Voitelu Pyhällä Hengellä varustaa uskovat voimalla, jota he tarvitsevat Jumalan antaman palvelustehtävänsä suorittamiseen.

Jeesuksen voitelu
Jeesuksesta ei tullut Kristus silloin, kun hän sai kasteessaan Hengen voitelun, sillä hän oli ollut Kristus jo Isän oikealla puolella taivaassa ennen aikojen alkua. Jeesuksen voitelu Hengellä Jordan-joella pikemminkin paljasti avoimesti, kuka hän oli – samalla tavoin kuin Isän sanat kasteen aikana vain osoittivat hänen olevan Jumalan Poika eivätkä siis tehneet hänestä Poikaa.

Jeesuksen voitelu Hengellä kuitenkin pyhitti hänet ja varusti hänet toimimaan Kristuksena. Jo aikaisemmin todettiin, että Jeesuksen maallinen elämä oli elämää Hengessä jo ennen hänen syntymistään. Matteus 1:18-21 ja Luukas 1:31-35 osoittavat, että hän sai alkunsa Hengestä, jotta hän olisi pyhä.

Vaikka Jeesus oli syntynyt Hengestä, kuten Matteus 1:20 osoittaa, hän alkoi julkisen palvelustehtävänsä vasta saatuaan voitelun Hengeltä. Jeesus päätti olla käyttämättä jumalallista luontoaan tehtävässään, koska hän antoi meille esimerkin palvelustehtävästä ja luotti siksi tehtävässään yhtä paljon rukoukseen, Jumalan Sanaan, voiteluun ja Hengen lahjoihin kuin mekin – paitsi, että hän toimi tässä täydellisen

Henki ja Jeesus

mestarin tavoin ja kuin sellainen ihminen, joka oli saanut "mittaamattomasti" Henkeä.

Jeesuksen kaste edusti hänen toimeksiantoaan ja varustamistaan palvelukseen. Se oli hetki, jolloin hänet pyhitettiin näkyvästi ja julkisesti Jumalan työhön. Jättäen kaiken taakseen Jeesus käveli jokeen, asettui ehdoitta Isän käyttöön ja kastettiin riippuvaisena Jumalan johdatuksesta, joka paljastaisi seuraavan vaiheen hänen elämässään.

Joh. 1:32-34 todistaa, että Jeesuksen astuessa ylös joesta Henki laskeutui alas kyyhkysen muodossa ja lepäsi hänen päällään. Matteus 3:13-17, Markus 1:9-11 ja Luukas 3:21-22 kuvaavat myös Jeesuksen voitelua Hengellä. Sillä hetkellä Jeesuksesta tuli Hengen kantaja, jotta hän voi itse ryhtyä kastamaan ihmisiä Hengellä. Tämä toteutui, kun Jeesus oli noussut taivaaseen ja vastaanottanut Pyhän Hengen, mutta ei tällä kertaa itselleen vaan kaikille uskoville, kuten Isä oli luvannut (Apt. 2:33).

Jeesuksen voitelun vaikutukset
Joh. 3:34 osoittaa, että Jeesuksen voitelu oli rajoittamaton. Sen seurauksena hän on tullut tunnetuksi nimellä Jeesus Kristus eli Jeesus Voideltu. Siitä hetkestä lähtien, kun Jeesus voideltiin Hengellä, hän hämmästytti ihmisiä: hän "ei ollut niin kuin muut ihmiset".

Matteus 4:1 ja Markus 1:12 osoittavat, että voitelun ensimmäisenä seurauksena Henki ajoi Jeesuksen erämaahan taistelemaan Paholaisen kanssa. Voitelu merkitsi, että hän joutui kohtaamaan kiusauksia.

Luukas 4:1 kuvaa, kuinka Jeesus oli "täynnä Pyhää Henkeä" lähtiessään erämaahan. Taisteltuaan Saatanan kanssa Jeesus palasi Luukkaan evankeliumin jakeessa 4:14 Galileaan "täynnä Hengen voimaa". Heti tämän kertomuksen jälkeen Luukas kuvaa Jeesuksen "saarnaa" Nasaretissa. Luukas 4:16-27 kertoo, kuinka hän luki tekstin Jesajan kirjan luvusta 61 ja sovelsi sen itseensä. Hän väitti, että Henki oli hänen päällään, koska hänet oli voideltu. Nyt hänellä oli voitelu - Hengen

Hengen tunteminen

elintärkeä apu – jonka avulla hän voi saarnata, parantaa ja vapauttaa ihmisiä.
Apt. 10:38 osoittaa, että, voitelun kautta "Jumala oli Jeesuksen kanssa". Hengessä hän pystyi nyt tekemään sitä, mihin hän ei aikaisemmin pelkkänä ihmisenä kyennyt. Hän pystyi "parantamaan kaikki jotka olivat joutuneet Paholaisen valtaan". Miten se oli mahdollista? Yksinkertaiseksi siten, että Jumalan Pyhä Henki oli hänen kanssaan uudella tavalla. Heillä oli keskinäinen yhteys – he toimivat kumppaneina. *Parakletos* oli "kutsuttu rinnalle" auttamaan, ohjaamaan ja voimauttamaan ihmiseksi tulleen Jeesuksen.

Jeesuksen malli palvelustehtävästä
Jos Jeesus tarvitsi Hengen voitelua tehtäväänsä maan päällä, kuinka paljon enemmän me tarvitsemme samaa voitelua tavoittaaksemme ihmiset hyvällä sanomalla Jumalan rakkaudesta! Kiitos Jumalalle: Apt. 1:8 ja Room. 8:11 kertovat meille, että täsmälleen sama Pyhän Hengen voitelu, joka oli Jeesuksella, on luvattu myös meille. Jeesus oli voideltu toteuttamaan asioita, jotka on mainittu kohdissa Jesaja 61:1–2 ja Luukas 4:18–19. Täsmälleen samaa työtä tarvitaan tänäänkin, ja sama voitelu on kaikkien uskovien saatavilla.

Me tiedämme, että ihanneihmisenä Jeesus on meille kaikissa asioissa esimerkkinä. Meidät on kutsuttu tottelemaan Isää, kuten Jeesus totteli Isää, olemaan riippuvaisia Hengestä, kuten Jeesuskin oli riippuvainen Hengestä, rakastamaan ja palvelemaan ympärillämme olevia ihmisiä Jeesuksen tavoin – ja niin edelleen.

Mutta vielä enemmän meidät on tarkoitettu osallistumaan Jeesuksen palvelustehtävään. Kristuksen palvelustehtävä on malli kaikelle palvelukselle. Jos haluamme palvella Hengen voimassa, meidän tulee katsoa Jeesukseen. Hän on tärkein Palvelija, joka palveli täydellisesti täynnä Hengen voimaa ja vaikutusta.

Jeesuksen palvelustehtävällä näyttää olleen neljä tärkeää teemaa tai tarkoitusta, joita korostetaan kussakin neljästä evankeliumista.

Henki ja Jeesus

Hän tuli murtamaan kuoleman ja pahan vallan tehtävänsä kautta. Hengen voimassa Jeesus:

◆ Perusti taivaan valtakunnan

◆ Riisui aseista pimeyden pahat voimat

◆ Saarnasi parannuksen evankeliumia

◆ Opetti seuraajilleen tuomiosta

◆ Antoi heille selkeät käytösohjeet

Jeesus oli siis mahtava kuningas, joka oli täällä perustamassa valtakuntaa. Hän hallitsi luontoa ja voitti pahat henget. Hän paransi spitaaliset ja herätti kuolleita. Paholaiset pelkäsivät häntä. Myrskyt tottelivat häntä. Mutta Jumalan kansa Israel ei halunnut ottaa vastaan kuningastaan.

Jos Jeesus on malli meidän palvelustehtävästämme, se tarkoittaa, että jotakin hänen kuninkaallisesta arvovallastaan pitäisi näkyä myös meissä. Me taistelemme pahan voimia vastaan. Joudumme vastakkain sairauksien kanssa. Saarnaamme parannuksen, tuomion ja kuuliaisuuden evankeliumia. Muistutamme ihmisiä Jeesuksen käskyistä. Mutta me voimme olla osallisia hänen kuninkaallisesta toimivallastaan vain, jos meilläkin on hänen Pyhän Hengen voitelunsa!

Hän tuli etsimään ja pelastamaan kadotettuja
Palvelustehtävänsä kautta Jeesus osoitti olevansa Jesajan kirjan 53. luvussa ennustettu kärsivä palvelija, joka tuli palvelemaan ja antamaan itsensä uhriksi. Markus 10:45 osoittaa, että Jeesus ei "tullut paleltavaksi, vaan palvelemaan ja antamaan henkensä lunnaiksi kaikkien puolesta". Markuksen evankeliumin jakeessa 10:21 hän ei pelkästään kutsunut muita seuraamaan häntä vaan myös "ottamaan ristinsä". Yhdessä Hengen kanssa Jeesus tuli:

◆ Pelastamaan kadotettuja, puutteenalaisia ihmisiä, jotka olivat voimattomia pelastamaan itseään

Hengen tunteminen

- Sovittaakseen koko ihmiskunnan synnit
- Toimimaan jokaisen miehen, naisen ja lapsen sijaisena
- Kantamaan Jumalan vihan syntiä kohtaan.

Koko Jeesuksen maallinen palvelustehtävä oli ristin sävyttämä. On mahdotonta erottaa Jeesuksen opetusta ja parantamistehtävää siitä kärsimyksestä ja hyljeksinnästä, jota hän joutui kokemaan.

Kaikki tämä tarkoittaa, että muovatessamme elämämme ja palvelustehtävämme Kristuksen mukaan olemme valmiit myös palvelemaan, uhrautumaan ja kärsimään. Sellaiset kohdat kuin Fil. 2:5-8 tulevat meille eläviksi, kun oivallamme seuraavamme Jumalan kärsivää palvelijaa.

Meidän ei pidä unohtaa, että voitelu on nöyrä ja lempeä Pyhä Henki, joka ei tee numeroa itsestään. Meidän ei pidä tavoitella voimaa, ellemme ole valmiita samanlaiseen nöyrään palvelukseen ja Kristuksen kaltaiseen kärsimykseen.

Hän tuli näyttämään, millaista on täydellisesti Isälle pyhitetty elämä. Jeesus ei ollut vain kuningas ja palvelija, hän oli "ihanneihminen", täydellinen esimerkki ihmisyydestä, malli siitä, miten koko ihmiskunnan tulisi elää.

Palvelustehtävässään Jeesus – Hengen täyttämänä ihmisenä:

- Joutui kohtaamaan kaikki mahdolliset koetukset
- Oli alttiina kaikille tavanomaisille ristiriidoille ja tunteille, mutta pysyi kuitenkin synnittömänä
- Oli syntisten myötätuntoinen ystävä ja ihminen, jota kannatti seurata
- Oli yhteiskunnan heikoimpien puolella
- Varoitti alinomaa rikkauden vaaroista ja vaati seuraajiltaan anteliaisuutta
- Korosti anteeksiantamisen tärkeyttä, kehotti ihmisiä antamaan anteeksi ja toteutti opetustaan itse ristillä.

Henki ja Jeesus

Tämä osoittaa, että arkielämämme todella merkitsee jotakin. Emme voi erottaa palvelustehtävää moraalista. Jeesuksen voima ja puhtaus olivat yhtäläisiä todisteita hänen voitelustaan. Jos me otamme mallia Kristuksesta, me osoitamme elämässämme hänen pyhyyttään – sekä käytämme hänen voimaansa parantaessamme ja hänen myötätuntoaan palvellessamme ihmisiä.

Hän tuli osoittamaan, miltä Jumala näyttää
Jeesus tuli maailmaan myös Jumalan elävänä Sanana, ainutlaatuisena ja täydellisenä näkymättömän Jumalan – Isän, Pojan ja Pyhän Hengen – ilmentymänä toisintaakseen jumalallisen luonnon ja luonteen tavallisissa ihmisissä.

Jeesuksen Hengen täyttämä, ohjaama ja voimauttama palvelustehtävä
Kaikkialla, minne Jeesus meni, kaikessa mitä hän sanoi ja teki, hän ilmensi Jumalan läsnäoloa. Jeesus korosti ykseyttään Isän kanssa ja selitti, että hänen sanansa ja tekonsa olivat itse Isän sanoja ja tekoja. Katsellessaan ja kuunnellessaan Jeesusta ihmiset näkivät Jumalan. Mekin näemme Jumalan katsoessamme Jeesusta. Kristuksen kautta me tiedämme millainen Isä on, millainen Henki on – ja millaisia meidän tulee olla.

Samalla tavoin meidän Hengen täyttämän, ohjaaman ja voimauttaman elämämme ja palvelustehtävämme tulisi vetää ihmisiä Isän luokse. Henki on Jumala, ja kun me olemme täyttyneet Hengellä – kun me olemme hänessä ja hän on meissä – meistä säteilee Jumalan läsnäolo.

Opetuslapseuttaja
Jeesuksen palvelustehtävä maan päällä kesti noin kolme vuotta. Hän käytti tämän ajan kouluttaakseen opetuslapset palvelustehtävään, jotta he voisivat jatkaa hänen työtään, kun hän oli palannut taivaaseen ja *Parakletos* oli tullut hänen tilalleen.

Hengen tunteminen

Jeesuksen lähimmät opetuslapset olivat kaksitoista apostolia, jotka vaelsivat hänen kanssaan ja olivat kiinteästi mukana hänen palvelustehtävässään. Matteus 10, Markus 6:7-13 ja Luukas 9:1-6 kuvaavat, kuinka nämä kaksitoista lähetettiin pareittain elämään ja palvelemaan samalla tavoin kuin Jeesus itse. Näissä kohdissa Jeesus neuvoi heille, kuinka heidän tuli palvella ja käyttäytyä. Luukas 10:1-23 kertoo, että 72 muuta lähetettiin myös elämään ja palvelemaan pareittain. Jeesus opasti heitä elämään vaatimattomasti, saarnaamaan ja parantamaan ihmisiä.

Matteuksen evankeliumin jakeissa 28:19-20 kerrotaan, kuinka Jeesus lopulta juuri ennen taivaaseen astumistaan käski opetuslapsiaan tekemään, kasvattamaan ja mobilisoimaan uusia opetuslapsia. Tätä käskyä ei annettu vain Jeesuksen omille aikalaisille vaan kaikille sukupolville – eli myös meille. Me voimme toteuttaa sen vain, jos olemme osallisia Kristuksen voitelusta. Meidän täytyy elää kuten Voideltu itse – eli Hengen läsnäolossa, riippuvaisina Hengen antamasta voimasta ja ohjauksesta ja ottaen mallia Jeesuksen palvelustehtävästä tehdessämme Jumalan valtakunnan työtä.

Jeesuksen maanpäällinen palvelustehtävä

Voitelunsa jälkeen Jeesus vietti kolme vuotta saarnaten, opettaen ja parantaen ihmisiä. Jeesus antaa meille täsmälleen saman voitelun kuin hänellä itsellään oli, kutsuu meitä jatkamaan samaa työtä, jota hän teki, ja hänen tasapainoinen toimintansa on täydellinen malli meille nykyäänkin. Meidän täytyy kuitenkin oivaltaa ja soveltaa neljää periaatetta, jotka olivat tunnusomaisia Jeesuksen palvelustehtävälle maan päällä:

Jeesus palveli rukouksin

Jeesus oli rukouksen ihminen. Hän nousi varhain rukoilemaan ja valvoi myöhään rukouksessa. Me näemme hänet rukoilemassa jokaisessa palvelustehtävänsä vaiheessa. Hän rukoili:

Henki ja Jeesus

- Kasteensa yhteydessä – Luukas 3:21
- Julistettuaan pitkään – Markus 1:35, 6:46 ja Luukas 5:16
- Yön ennen kahdentoista opetuslapsen valitsemista – Luukas 6:12
- Osoittaessaan olevansa Jumalan Voideltu – Luukas 9:18
- Yksin opetuslastensa kanssa – Luukas 9:28–29
- Viimeisen ehtoollisen jälkeen – Joh. 17
- Getsemanessa – Luukas 22:41 ja Markus 14:32
- Ristiinnaulitsemisensa aikana – Luukas 23:34
- Ylösnousemuksensa jälkeen – Luukas 24:30

Rukous oli Jeesuksen dynaamisen palvelustehtävän salaisuus. Jos haluamme seurata häntä, esirukous on myös meidän palvelustehtävämme tunnuspiirre. Tätä käsiteltiin laajasti *Hengen miekka* -kirjasarjan ensimmäisessä osassa, *Toimiva Rukous*.

Hän palveli kuuliaisesti
Johannes 5:19, 30, 6:38, 7:28–29, 8:26, 28–29, 10:18 ja 12:49–50 sisältävät sarjan erikoislaatuisia lausuntoja. Yhä uudestaan Jeesus totesi, että hän ei voinut tehdä mitään itsestään. Kieltäen itsensä Jeesus pidättäytyi sanomasta ja tekemästä mitään muuta kuin mitä Isä antoi hänelle tehtäväksi Hengen kautta. Apt. 2:22 osoittaa selvästi, että Jumala teki ihmeet Jeesuksen kautta. Ihmeet eivät siis tapahtuneet siksi, että Jeesus oli jumalallinen, vaan koska hän oli täynnä Henkeä ja eli Hengen kautta kuuliaisena Isälle.

Me tiedämme, että meidän on tarkoitus totella Jumalaa ja Paholainen houkuttelee meitä tekemään päinvastoin:

- Olemaan tottelematta Jumalan käskyä
- Tekemään omavaltaisesti jotain, mitä hän ei ole käskenyt.

Kumpikin teko on syntiä. Jeesus ei koskaan ollut

Hengen tunteminen

tottelematon Jumalalle eikä koskaan toiminut tai puhunut ennen kuin tiesi Jumalan kehottavan häntä siihen Hengen kautta.

Kiusauksissa Jeesusta houkuteltiin toimimaan riippumattomana Hengen kehotuksesta ja tekemään ihmeen ilman ohjeita Jumalalta. Paholainen käytti luonnollista ruoan, vallan ja arvovallan tarvetta ja houkutteli Jeesusta tyydyttämään nämä tarpeet omavaltaisesti ilman Hengen kehotusta, mikä olisi ollut syntiä. Jeesuksen kohtaamien kiusausten ytimessä oli houkutus tehdä omia tekoja – toimia ilman Hengen kehotusta. Täydellisenä ihmisenä Jeesus ei kuitenkaan tehnyt mitään omasta aloitteestaan – hän teki vain ne harvat asiat, joita Isä Hengen kautta käski hänen tehdä.

Jeesus palveli myötätuntoisesti

Jeesus ei palvellut kiinnittääkseen huomiota itseensä, vaan koska hän rakasti puutteessa olevia ihmisiä ja välitti heidän tarpeistaan. Myötätunto sai Jeesuksen antamaan ihmisille aikaansa, rakkauttaan, energiaansa – kaikkensa.

Markus 1:41 kertoo Jeesuksen myötätunnosta spitaalista kohtaan. Markus 6:34 osoittaa hänen myötätuntonsa suurta puutteenalaista kansanjoukkoa kohtaan. Markus 10:21 taas kuvaa Jeesuksen myötätuntoa yhtä rikasta miestä kohtaan, joka ei halunnut lähteä seuraamaan Jeesusta. Jeesus palveli Hengen avulla.

Edellä nähtiin, että Jeesuksen voitelu Hengellä oli ratkaisevaa. Sellaiset kohdat kuin Joh. 5:19 ja Joh. 14:10 osoittavat meille, että Jeesus pitäytyi vain niihin sanoihin ja tekoihin, joihin Isä ohjasi häntä. Jeesuksen palvelustehtävä perustui täysin hänen suhteeseensa Isän ja Hengen kanssa. Hän teki vain sitä mitä näki Isän tekevän – ja Henki auttoi häntä sen toteuttamisessa.

Jeesus ei kuitenkaan palvellut vain Hengen voitelussa ja Isän tahdon mukaan, hän palveli myös Hengen antamilla lahjoilla – täsmälleen samoilla, joita Henki antaa meille nykyäänkin. Jeesus oli hyvin taitava palvelemaan Hengen lahjoilla. Itse

Henki ja Jeesus

asiassa voimme nähdä kaikki Uudessa testamentissa mainitut lahjat Jeesuksen palvelustehtävässä lukuun ottamatta kielilläpuhumista ja kielten selitystä. Näemme Jeesuksen esimerkiksi käyttämässä:

- Uskon lahjaa – Markus 11:20–25 ja Joh. 11:41–42
- Ihmetekojen lahjaa – Markus 6:30–52 ja Joh. 2:1–11
- Terveeksitekemisen lahjaa – Matteus 4:23–25 ja Markus 5:21–43
- Viisauden sanoja – Matteus 22:15–22 ja Luukas 13:10–17
- Henkien erottamisen lahjaa – Matteus 16:17–23
- Profetian lahjaa – Joh. 2:19
- Tiedon sanoja – Joh. 1:47–50 ja Joh. 4:16–20.

On tärkeää käsittää, että Jeesus ei soveltanut palvelutehtävässään tiettyä mallia tai kaavaa – hän oli riippuvainen Hengen kehotuksista ja avusta. Evankeliumeista käy ilmi, että Jeesus palveli lähes kaikissa tilanteissa eri tavalla. Toisinaan hän koski ihmisiä mutta toisinaan ei. Joskus hän antoi parantavan käskyn ja joskus taas ei. Joskus hän pyysi kohtaamaansa ihmistä tekemään jotakin, joskus taas ei.

Jeesus ei palvellut koskaan kokemuksensa perusteella. Sen sijaan hän palveli aina totellen Isää ja riippuvaisena Hengestä – mikä yleensä merkitsi jokaiselle hänen auttamalleen ihmiselle jotakin erilaista.

Jeesuksen nykyinen palvelustehtävä

Jeesuksen palvelustehtävä ei päättynyt ristillä. Evankeliumit kuvaavat Jeesuksen palvelustehtävän alkua, ei sen koko kestoa. Matteus 28:18–20, Markus 16:15–18 ja Luukas 24:44–49 kertovat Jeesuksen käskystä opetuslapsilleen jatkaa hänen palvelustehtäväänsä maan päällä – ja hänen lupauksestaan jatkaa työtä heidän kanssaan. Apostolien teot osoittavat, kuinka Jeesus toimi kristittyjen eli seurakunnan kautta. Tästä

Hengen tunteminen

Jeesuksen palvelustehtävän kehittymisestä kerrotaan kohdissa Apt. 3:6, 5:12-16, 8:4-8, 9:32-43 ja 16:6-10.

Apostolien kautta tapahtui kaikenlaisia ihmeitä, merkkejä ja parantumisia – ja monet ihmiset kääntyivät Jeesuksen puoleen. Henki johdatti heitä tiettyihin paikkoihin saarnaamaan hyvää uutista. Evankeliumia saarnattiin kaikkialla ja vahvistettiin monilla ihmeillä – jopa kuolleita herätettiin.

Jeesus on jatkanut tätä palvelustehtävää maailman apua tarvitsevien ihmisten parissa vuosisatojen ajan. Meidän vastuullamme on nyt jatkaa samaa työtä, josta kerrotaan Uudessa testamentissa. Jeesus lupasi myös Johanneksen evankeliumin jakeessa 14:12, että – kun Pyhä Henki tulee – me voimme tehdä jopa suurempia tekoja kuin hän (määrällisesti, ei laadullisesti). Kun opetuslapset olivat murheissaan Jeesuksen lähdöstä, hän sanoi Johanneksen evankeliumin jakeessa 16:7, että "teille on hyödyksi, että minä menen pois. Ellen mene, ei Puolustaja voi tulla luoksenne. Mutta mentyäni pois minä lähetän hänet luoksenne". Siksi emme ole tässä työssä omillamme – oman voimamme ja kykyjemme varassa. Itse asiassa Jeesus tekee neljä elintärkeää asiaa auttaakseen meitä tässä tehtävässä:

Hän rukoilee meidän puolestamme

Edellä nähtiin, että rukous oli yksi Jeesuksen vaikuttavan palvelustehtävän salaisuuksista. Room. 8:34 ja Hepr. 7:25 osoittavat, että se on sitä vieläkin!

Nämä kaksi jaetta paljastavat Jeesuksen nykyisen taivaallisen palvelustehtävän. Missä sitten olemmekin tai mitä me teemmekään, Jeesus Kristus on Isän oikealla puolella ja rukoilee meidän puolestamme, jotta pystyisimme suorittamaan hänen palvelustehtävänsä hänen odottamallaan tavalla!

Hän antaa meille tarvittavat voimavarat

Jeesus ei ole jättänyt meitä kohtaamaan ylivoimaista vihollista tyhjin käsin. Hän on voittanut ja riisunut aseista pimeyden voimat ja antanut meille tähän työhön saman voitelun, joka hänellä itsellään oli.

Henki ja Jeesus

Mutta Ef. 4:11-12 osoittaa, että Jeesus on tehnyt vielä enemmän antamalla meille lahjoja, joilla pyhät varustetaan palvelustehtäväänsä. Nämä Hengen lahjat toimivat seurakunnassa johtotehtävissä. Jotkut paikallisseurakunnat lukevat tämän raamatunkohdan ja odottavat pastorinsa toteuttavan kaikki nämä johtotehtävät ja suoriutuvan koko palvelustehtävästä yksin. Jeesus on antanut nämä tärkeät lahjat seurakunnalle, jotta jokainen jäsen voisi alkaa palvella Hengen voimassa.

◆ *Apostolit* (sana tarkoittaa kirjaimellisesti "lähetettyä") ovat evankeliumin työn eturintamassa toimivia pioneereja. He osoittavat Jumalan läsnäolon toiminnallaan, perustavat uusia kristillisiä yhteisöjä ja luovat uskoville mahdollisuuksia palvella.

◆ *Profeetat* ovat johtajia, jotka välittävät vain Jumalan ajatuksia eivätkä sekoita viestiin omia mielipiteitään tai kulttuuriarvojaan. He rohkaisevat uskovia selittämällä, mitä Jumala sanoo ja tekee ja haastamalla maailman ja seurakunnan mittapuut ja toimintatavat.

◆ *Evankelistat* saarnaavat itse evankeliumia ja antavat tavallisille uskoville mahdollisuuden elää Jumalalle omistettua elämää levittämällä hyvää uutista kielellä, jota ihmiset heidän ympärillään ymmärtävät. He auttavat pyhiä saavuttamaan ihmisiä todistuksellaan, he eivät tee tätä kaikkea heidän puolestaan!

◆ *Pastorit* ja *opettajat* rakentavat näiden muiden johtajatyyppien laskemalle perustukselle. He pysyvät usein samalla paikkakunnalla jopa monia vuosia ja pitävät huolta paikallisseurakunnasta, opettavat Jumalan sanaa ja Jeesuksen tietä sekä auttavat ihmisiä palvelemaan ja kehittämään Jumalan valtakuntaa paikkakunnallaan.

Hengen tunteminen

Hän toimii meidän kanssamme

Meidän ei pidä koskaan lakata muistuttamasta itsellemme ja toisillemme, että me emme ole koskaan yksin. Jeesus on meidän kanssamme Henkensä kautta.

Hän lupasi olla meidän kanssamme Matteuksen evankeliumin jakeessa 28:20, ja Markus 16:20 osoittaa, että lupaus on pidetty. Tämä on kristillisen palvelustehtävän tärkein periaate. Me olemme Jeesuksen jalat ja suu nykymaailmassa. Me kuljemme ja julistamme Hengessä – silloin ja siellä, minne hän meidät johdattaa. Hän vahvistaa sanamme erityisten merkkien kautta. Meidän ei tarvitse huolehtia ihmeistä, me emme pysty tekemään ihmeitä. Mutta Jeesus toimii Henkensä kautta meidän kanssamme ja vahvistaa sanansa – kunhan ne ovat hänen sanojaan!

Hän toimii seurakunnan kautta

Efesolaiskirjeen jakeissa 2:15–16 Paavali osoittaa, että Jeesuksen kuoleman kautta Jumala loi yhden ja yhtenäisen "uuden ihmisen", ja meidät on kaikki sovitettu Jumalan kanssa "yhdessä ruumiissa". Vaikka meillä kaikilla on henkilökohtainen suhde Jumalaan, meillä on tämän takia myös keskinäinen yhteys toistemme kanssa.

Jeesuksen palvelustehtävä maan päällä jatkuu sekä yksittäisten uskovien että yhteisen ruumiin eli seurakunnan – uuden ihmisen – kautta. Jeesuksen rukous Johanneksen evankeliumin jakeissa 17:20–26 osoittaa, kuinka tärkeä osuus meidän keskinäisellä yhteydellämme on siinä, että maailma pystyy näkemään Isän lähettäneen Jeesuksen.

Uudessa testamentissa käytetään useita eri kielikuvia kuvaamaan yhdistynyttä seurakuntaa. Kukin kielikuva valaisee meille yhtä piirrettä Jeesuksen maanpäällisessä palvelustehtävässä, joka jatkuu seurakunnan kautta. Pietarin käyttämät kielikuvat kohdassa 1. Piet. 2:9 ilmaisevat samanlaisia ajatuksia kuin Paavalin yhdistyneistä opetuslapsista käyttämät neljä ilmausta: morsian – 2. Kor. 11:2, pyhä temppeli – 1. Kor. 3:16, ruumis – Ef. 1:23, ja seurakunta – Ef. 3:10.

Henki ja Jeesus

- Meidät on valittu tarkasti Jeesuksen morsiameksi. Siksi hän rakastaa meitä ikuisella rakkaudella ja me olemme kaikessa osallisia Jeesuksen perintöön.

- Me olemme pyhä papisto, joka palvelee kuningasta palvelemalla kuninkaan kansaa uhrautuvasti monilla eri tavoilla ja täyttämällä itsemme – Jumalan pyhän temppelin ja asumuksen – rukouksen ja kiitoksen papillisilla uhreilla.

- Me muodostamme Kristuksen ruumiin, jotta hän voi jatkaa täydellistä elämäänsä maan päällä meidän kauttamme. Me olemme pyhä heimo, joka on erotettu elämään yhteistä omistautumisen ja pyhityksen sävyttämää elämää.

- Me kuulumme Jumalalle. Me olemme hänen seurakuntansa (kreikan kielen sana *ekklesia* tarkoittaa "koolle kutsumista"), taivaan kansalaisia ja hänen valtakuntansa lapsia. Me olemme alamaisia hänen laeilleen ja hänen Henkensä ohjauksessa. Me toteutamme hänen käskynsä ja perustamme hänen valtakuntansa hänen haluamallaan tavalla.

Edellä nähtiin, että Jeesuksen elämä oli Hengen kyllästämää. Hän syntyi Hengestä, eli Hengessä ja oli tehtävässään täysin riippuvainen Hengestä. Sitten hän kastoi seurakunnan samalla Pyhällä Hengellä, jotta me voimme elää edelleen hänen puhtaudessaan, palvella hänen voimassaan ja ilmentää Jumalan ihmeellistä läsnäoloa.

Osa 4

Hengen vastaanottaminen

Kuten jo edellä nähtiin, jos tutkii Jeesuksen elämää evankeliumeista, huomaa varmasti Johannes Kastajan ilmoituksen, että Jeesus "kastaa teidät Pyhällä Hengellä ja tulella". Tämä on kaikissa evankeliumeissa yksi ensimmäisistä asioista, jotka opimme Jeesuksesta: Jeesus on hän, joka kastaa Pyhällä Hengellä.

Jeesuksen ristiinnaulitsemisen ja ylösnousemuksen ohella myös Johannes Kastajan ilmoitus Jeesuksen kasteen yhteydessä on kirjattu kaikkiin neljään evankeliumiin. (Tosin eri evankeliumeissa mainitaan ja korostetaan eri piirteitä Jeesuksen kärsimyshistoriasta, kun taas Johanneksen ilmoituksen yksityiskohdat ovat kutakuinkin samat). Johanneksen ilmoitus on ainoa yhteenveto Jeesuksen tehtävästä, joka esiintyy kaikissa evankeliumeissa. Ja se, että Johanneksen ilmoitus on sijoitettu kaikkien evankeliumien alkuun – ja toistuu vielä apostolien tekojen alussa – näyttää olevan selkein mahdollinen tapa korostaa, kuinka keskeinen merkitys kasteella Pyhässä Hengessä on sille, että voimme ymmärtää Jeesuksen tehtävän ja hänen suunnitelmansa kaikkia uskovia varten.

Näyttää ilmeiseltä, että Johannes Kastajan tai evankeliumien kirjoittajien näkökulmasta – ja myös kaikkien kirjoitusten innoittajan eli Pyhän Hengen näkökulmasta – yksi Jeesuksen tehtävän tärkeimmistä, ellei jopa tärkein, piirre oli, että hän olisi "hän joka kastaa".

Tiedämme ettei Johanneksen ilmoitus ollut profeetan hurmioitunut lausahdus, joka olisi ollut käsittämätön hänen kuulijoilleen. Päinvastoin, käyttäessään sanontaa Pyhä Henki hän muistutti heitä suoraan Psalmien kohdasta 51:1-17 ja

Hengen tunteminen

Jesajan kohdasta 63:9-14. On tärkeä huomata että asiayhteys, jossa Johannes ilmoitti Jeesuksen olevan *hän, joka kastaa Pyhällä Hengellä ja tulella*, oli täsmälleen sama kuin Psalmissa 51 – eli parannuksenteko. Johannes rinnasti selkeästi oman vesikasteensa "häntä väkevämmän" kasteeseen Pyhällä Hengellä ja tulella. Pyhä Henki ja tuli olisivat kasteessa väliaineena täsmälleen samalla tavalla kuin Jordan-joen vesi. Aivan kuten Johanneksen kastettavat upotettiin ja kyllästettiin vedessä, myös Jeesuksen kastettavat upotettaisiin-kyllästettäisiin-täytettäisiin-kastettaisiin Pyhässä Hengessä ja tulessa.

Johanneksen kastettavat halusivat muutosta välttääkseen väärämielisten olosuhteet, käytöksen ja kohtalon ja päästäkseen siihen, mikä oli varattu vanhurskaille. Hänen kasteensa oli sekä parannuksen kaste että kaste parannukseen (kr. *metanoia*) – se merkitsi täydellistä mielenmuutosta ja muutosta suhteessa Jumalaan, jonka seurauksena käytös muuttuu. Johanneksen kastettaville kaste oli heidän *metanoiansa* eli parannuksensa ilmaus ja lupaus. Mutta se ei ollut vain symbolinen ele – he myös odottivat Jumalan kohtaavan heitä joella, hyväksyvän heidän pyyntönsä ja helpottavan heidän kääntymistään hänen puoleensa, lupaavan anteeksiantonsa ja myöntävän heille pääsyn hänen valtakuntaansa.

Johanneksen oman kasteensa ja Jeesuksen kasteen välille tekemä rinnastus osoittaa, että hän uskoi oman kasteensa ominaisuuksien olevan läsnä myös "häntä väkevämmän" kasteessa – mutta syvemmässä, laajemmassa ja tehokkaammassa merkityksessä ja aiheuttaen pysyvän muutoksen. Johanneksen suora viittaus Psalmiin 51 osoittaa, että Jeesuksen kaste Pyhällä Hengellä ja tulella liittyisi parannukseen ja että kasteen seurauksena olisi ilon täyttämä palvelustehtävä, jonka tuloksena syntiset tulisivat uskoon.

Psalmi 51:1–17 osoittaa, että Pyhän Hengen saaminen liittyy:

Hengen vastaanottaminen

- Parannukseen – jakeet 1–5
- Totuuden tuntemiseen – jae 6
- Puhdistautumiseen – jae 7
- Puhtauteen – jae 10
- Jumalan läsnäoloon – jae 11
- Tehokkaaseen, voimakkaaseen julistukseen – jae 13
- Kääntymyksiin – jae 13
- Ylistykseen – jakeet 12, 14 ja 15.

Johanneksen suora viittaus Jesajan lukuun 63 osoitti, että Jeesuksen Pyhällä Hengellä ja tulella kastamiseen liittyisi:

- Jumalan läsnäolo – jae 9
- Pelastus ja lunastus – jakeet 8–9, 16
- Johdatus ja opastus – jakeet 12–14
- Voimalliset merkit ja ihmeet – jae 12
- Jumalan nimen kirkastaminen – jae 14.

Sanan Henki laajempi käyttö, jonka näimme Vanhassa testamentissa, on hyvin merkityksellistä. Kaikki Johanneksen kuulijat tiesivät, että se Henki, johon "häntä väkevämpi" kastaisi heidät, oli se "henkäys"; jota ilman ihmiset olisivat kuolleita, "pyörremyrsky", jota he eivät voineet hallita tai ennakoida, "läpitunkeva voima", jonka tuloksena tapahtuu ihmeitä. 1. Moos. 8:1, 2. Moos. 14:21, Tuom. 3:9–10, 6:34, 14:6, Hesekiel 2:2–3, 3:12 ja 37:1 kuvaavat kaikki tätä.

Johanneksen kuulijat tiesivät, että Henki oli viestintuoja. Kukaan juutalainen profeetta ei voinut tuoda esiin Jumalan sanaa, ellei hän saanut kehotusta Jumalalta – ks. 4. Moos. 11:29, 1. Sam. 19:18–24, Joel 2:28, Aamos 3:8, Miika 3:8, Sakarja 1:1 ja 7.

Johanneksen kuulijat tiesivät, että Henki annettiin niille, jotka olivat Jumalan palvelijoita – auttamaan heitä heidän erityisessä kutsumuksessaan. Profeetat tunnettiin "palvelijoina"

Hengen tunteminen

ja he olivat tärkeimmät Hengen vastaanottajat. He tiesivät, että Henki annettiin kuninkaille auttamaan heitä hallitsemisessa. He toivoivat, että jonain päivänä Jumala nostaisi esiin toisen Daavidin ja voitelisi hänet Hengellä. Tämä toive ilmeni Jesajan kirjan kohdan 11:1-3 profetiassa, joka on ehkä selvin Hengen luonteen kuvaus Vanhassa testamentissa.

Johanneksen kuulijat tiesivät myös, että Henki annettiin vain harvoille ja valituille. Mooseksen vastaus Joosualle (4. Moos. 11:29) ilmaisi hänen kaipaavan yleistä Hengen vuodatusta. Se luvattiin myöhemmin Joelin kirjan jakeissa 2:28-32. Jokainen Johanneksen ajan juutalainen sekä odotti tulevaa Messiasta että vaali eskatologista eli lopun aikoihin liittyvää toivoa Jumalan Hengen vuodatuksesta. Johannes ilmoitti kummankin lupauksen täyttyneen: "Tässä on Messias – Voideltu" ja "Hän vuodattaa Pyhän Henkensä".

Johannes Kastajakin liittää Hengen tuleen. Kuten edellä näimme, tämä ei olisi ollut outoa kenellekään, jolle Vanhan testamentin käsitys Hengestä oli tuttu. Tiedämme, että Vanhassa testamentissa tuli oli puhdistava elementti, joka oli vettä tehokkaampi ja jalostavampi – ja että se oli sekä vertauskuva Jumalan puuttumisesta historian kulkuun että hänen Hengestään, joka oli tulossa puhdistamaan Jumalan lasten elämän ja valmistamaan heitä palvelustehtävään. Se tulikaste, josta Johannes puhuu, tarkoittaa, että myös Jeesus toimisi uskovien puhdistajana, kun he mukautuisivat Hengen työhön elämässään. Tuli liittyy myös niiden ihmisten tulevaan tuomioon, jotka hylkäävät evankeliumin (Matteus 3:12 ja 5:22). Samoin se viittaa tuleen, joka aikanaan koettelee uskovien teot Kristuksen tuomioistuimen edessä (1. Kor. 3:15 ja 2. Kor. 5:10).

Jesaja 1:25, 6:5-10, Daniel 7:10, Sakarja 13:9 ja Malakia 3:2-3 esittävät kaikki tämän viittauksen tuleen. Lupausta Hengestä Joelin kirjan jakeessa 3:1 seuraa kuvaus Herran päivän aamunkoitosta, jolloin näkyy "verta, tulta ja savupatsaita". Mutta paras esimerkki on Jesajan kirjan kohdassa 4:2-6: jakeissa 3-4 on nähtävissä erikoinen yhtäläisyys Johanneksen ilmoituksen kanssa.

Hengen vastaanottaminen

Nämä Vanhan testamentin kielikuvat – jotka ovat Johanneksen ilmoituksen taustalla – osoittavat, että tulikaste on kaste Hengessä. Itse asiassa kasteeseen Hengessä liittyy väistämättä tuuli, vesi, öljy, henkäys, kyyhkyn kaltaisuus sekä tuli. Hesekiel 36:25-28 on tekstinkohta, joka näyttää "ennakoivan" paljon siitä, mitä Johannes sanoo, ja auttaa siis meitä ymmärtämään tämän tärkeän kielikuvan taustaa.

Monet nykyuskovat ajattelevat kasteen Hengessä liittyvän vain siihen, mitä tapahtui helluntaina. Heidän ajatuksensa Hengen vastaanottamisesta perustuu tuon päivän tapahtumiin, joilla he mittaavat myös kokemustaan Hengestä. Mutta helluntaina täyttyi Johanneksen ilmoitus Jeesuksesta henkilönä, joka "kastaa Pyhällä Hengellä ja tulella" – ja tämän pystyy ymmärtämään täysin vain tutkimalla tarkasti sen Vanhassa testamentissa esitettyä taustaa.

Uudessa testamentissa käytetään viittä ilmaisua, jotka kuvaavat Pyhän Hengen kohtaamista. Kukin näistä ilmaisuista valaisee kokemuksen eri piirrettä. Meidän tulee tarkastella niitä kaikkia ymmärtääksemme, mitä Jeesus pyrkii saavuttamaan armollisen lahjansa avulla.

Kastettu Pyhällä Hengellä

Opetuslapset olivat olleet Jeesuksen kanssa koko hänen toimintansa ajan ja Jeesus oli lähettänyt heidät palvelustehtävään. He olivat saarnanneet ja nähneet Jumalan tekevän suuria ihmeitä kauttaan. Kuitenkin Jeesus käski heitä Apostolien tekojen kohdassa 1:1-11 odottamaan "Isän lupauksen täyttymistä".

Jeesus lupasi, että – jos he odottaisivat Jerusalemissa – heidät kastettaisiin pian Pyhällä Hengellä. Lisäksi hän lupasi, että he saisivat voiman, kun Pyhä Henki tulisi heihin, ja heistä tulisi Jeesuksen todistajia. Heidän Jeesuksen seurassa viettämänsä vuodet eivät riittäneet. Heidän kokemuksensa palvelustehtävästä olivat puutteelliset. Ennen kuin opetuslapset voivat toimia todistajina heidän piti saada Jeesukselta kaste Pyhässä Hengessä.

Hengen tunteminen

Tämä ilmaisu esiintyy monissa Uuden testamentin käännöksissä seitsemän kertaa. Kuudessa kohdassa – Matteus 3:11, Markus 1:8, Luukas 3:16, Joh. 1:33, Apt. 1:5 ja Apt. 11:16 – viitataan selvästi siihen kasteeseen, jonka Johannes lupasi Messiaan eli Voidellun suorittavan. Seitsemäs kohta – 1. Kor. 12:13 – voidaan kääntää joko "kastettu Hengellä" tai "kastettu Hengessä". Kuitenkin ilmaisu "saaneet juoda samaa Henkeä" viittaa siihen, että tämäkin jae viittaa samaan kasteeseen "Hengellä" kuin muut kuusi jaetta. Joka tapauksessa kumpikin tulkinta on passiivimuodossa, joka tarkoittaa, että lauseen subjekti vastaanottaa verbin kuvaavan toiminnon – toisin sanoen kaste suoritetaan henkilölle.

Sana kastetaan esiintyy aina verbinä eikä koskaan nimisanana "kaste" – mikä näyttää korostavan toiminnon tärkeyttä. Vaikka myös nimisana *baptisma* esiintyy 22 kertaa Uudessa testamentissa, sitä ei koskaan käytetä muodossa "kaste Pyhällä Hengellä" – vaan ajatus ilmaistaan muodossa "kastetaan Pyhällä Hengellä". Tämä viittaa kertaluontoiseen kokemukseen vihkiytymisestä. Syntymän, avioliiton ja kuoleman tavoin kastekin on asia, jonka pitäisi tapahtua vain kerran. Kaste myös merkitsee jonkin asian alkua tai siihen vihkiytymistä, koska se ei ole itsetarkoitus – se ei ole tarkoitettu kerran koettavaksi ja sitten muisteltavaksi – vaan se on pikemminkin portti uuteen elämäntapaan: kaste on perimmältään aivan uuden asian alku.

Kun Jeesus kastoi opetuslapset Hengellä helluntaina, se oli siis kertaluontoinen hetki, jolloin heidät vihittiin Pyhän Hengen uuteen aikakauteen. Sanan "kastettiin" käyttö osoittaa, että sen jälkeen mikään ei olisi ennallaan.

Mutta edellä on myös nähty, että helluntai oli myös ensihedelmän päivä. Se ennakoi suurempaa sadonkorjuuta. Jokainen menestyksekäs kristitty voi saada osakseen helluntain hyödyt. Uskon kautta voimme liittyä opetuslapsiin Hengen kastealtaalla ja saada tämän kasteen Jeesukselta.

Ihmiset kyselevät usein vesikasteen ja henkikasteen välisestä yhteydestä. Yksinkertaistettuna vesikaste on

Hengen vastaanottaminen

valmistautumista henkikasteelle – vesikasteessa katuva syntinen, joka on jo uskonut Jeesukseen, tunnustaa Kristuksen Herraksi ja Vapahtajaksi, henkikasteessa Jumala tunnustaa ja sinetöi hyväksyntänsä henkilölle, joka on jo kastettu vedellä. Raamatussa on tästä huolimatta joitakin esimerkkejä henkilöistä, jotka kastettiin Pyhällä Hengellä ennen vesikastetta, kuten Corneliuksen ja hänen perheensä tapaus Apostolien tekojen luvussa 10. Yleensä vesikaste kuitenkin edeltää henkikastetta.

Täytetty Pyhällä Hengellä

Tätä ilmausta ennakoitiin Vanhassa testamentissa 2. Mooseksen kirjan kohdissa 31:3 ja 35:31, joissa Besalelista sanottiin, että hän oli "täytetty Jumalan hengellä". Samanlaisia ilmaisuja on käytetty kolmetoista kertaa Uudessa testamentissa kuvaamaan yhtä tapaa, jolla ihmiset kokivat Hengen – ks. Luukas 1:15, 1:41, 1:67, 4:1, Apt. 2:4, 4:8, 6:5, 7:55, 9:17, 11:24, 13:9, 52 ja Ef. 5:18.

On syytä huomata että Luukas (joka kirjoitti Luukkaan evankeliumin ja Apostolien teot), käyttää tätä ilmaisua kuvaamaan, mitä ihmisille tapahtui ennen helluntaita, helluntain aikaan ja sen jälkeen. Tämä osoittaa, että uskovien kokemus Hengestä helluntain jälkeen oli samankaltainen kuin opetuslasten kokemus helluntain aikana sekä Jeesuksen ja muiden kokemukset ennen helluntaita.

Tämä viittaa todennäköisesti siihen, että helluntai ei ollut ainutlaatuinen. Niinpä on myös syytä huomata, että sanaa "kastettiin" käytettiin pelkästään kuvaamaan, mitä opetuslapsille tapahtui helluntaina. Sinä päivänä alkoi uusi aikakausi, jolloin Henki sekä kielilläpuhumisen armolahja olivat laajasti kaikkien käytettävissä.

Luukas käyttää samaa ilmausta sekä täyttymisen prosessista – Luukas 1:41, 1:67, Apt. 2:4 ja 9:17 – sekä jatkuvasta täyteyden tilasta – Luukas 4:1, Apt. 4:8, 6:5, 7:55, 11:24 ja 13:52. Tämä osoittaa, että ilmaisu täytetty – kuten kastettu – ei viittaa vain ensimmäiseen kokemukseen vaan myös uuteen elämäntapaan.

Hengen tunteminen

Apt. 4:31 osoittaa, että – toisin kuin kaste – täyttyminen voidaan kokea uudelleen. Samat opetuslapset täyttyivät kerran kohdassa Apt. 2:4 ja uudelleen kohdassa Apt. 4:31. Tämä ei tarkoita että kaste ja täyttyminen olisivat kaksi eri asiaa. Jokainen Hengen kokemus on täyttyminen, mutta vain ensimmäinen kerta on kaste. Jos meidät on siis kerran kastettu (kyllästetty tai upotettu) Pyhään Henkeen, me täytymme jatkuvasti uudelleen imiessämme sienten tavoin itseemme hänen läsnäoloaan.

Kuten edellä nähtiin, se että Luukas käyttää täyttymistä kuvatessaan kreikan kielen verbiä *pletho*, osoittaa että me emme ole maljoja, joihin Henki kaadetaan, vaan sieniä, jotka täyttyvät, kun ne upotetaan Henkeen. Tämän pitäisi auttaa meitä ymmärtämään, että täyttäminen ja kastaminen kuvaavat samaa asiaa. Meidän on kuitenkin hyvä muistaa, että voi olla sekä puhtaita että likaisia sieniä: jotkut ovat hyvin imukykyisiä, kun taas toisissa on kuivia ja likaisia kohtia – ja kaikille sienille on hyväksi, että ne joskus väännetään kuiviksi ja kastetaan uudestaan.

Monet tietävät, että Efesolaiskirjeen jae 5:18 olisi paras kääntää "täyttyä jatkuvasti Hengellä". Se ei tarkoita vain sitä, että me pyytäisimme yhä uudelleen Jumalaa täyttämään meidät kuin puolityhjän maljan! Se tarkoittaa myös sitä, että me avaudumme yhä enemmän Hengelle. Se merkitsee että pyydämme jatkuvasti Jumalaa puhdistamaan meidät, jotta pystymme paremmin imemään Henkeä itseemme. Toisin sanoen pyydämme Jumalaa käsittelemään meidän kuivia ja kovia kohtiamme, jotta meissä olisi enemmän tilaa Hengen täyteydelle.

Liian monet käsittävät Hengen olevan vain "meissä" yksilöllisesti, kun taas Uusi testamentti puhuu siitä, että me olemme "hänessä" yhteisöllisesti. Tämä jälkimmäinen tulkinta välittää tarkemmin ajatuksen siitä, kuinka tärkeä meidän on elää yhdessä Hengen läsnäolossa. Näiden kahden tulkinnan välillä on selvä ero. Jos joku ajattelee, että Henki on hänessä, hän antaa tahattomasti kuvan, että hän olisi riittävän suuri

Hengen vastaanottaminen

sisältämään koko rajattoman Hengen – mikä olisi toivottoman yksilökeskeinen tulkinta.

On siis parempi ja raamatullisesti tarkempi tulkinta, että kokemuksemme Hengestä on yhteisöllinen eikä yksilöllinen, ja että meidät on kutsuttu olemaan yhdessä "hänessä". Oivallamme tämän yhteisöllisyyden vielä selvemmin, kun huomaamme, että ennen helluntaita kerrotaan yleensä Hengellä täyttyneistä yksilöistä mutta helluntain jälkeen useimmin ryhmistä.

Hengen voitelema

Kasteen tavoin myös "voitelu" on sana, jota käytetään kuvaamaan uutta alkua. Se osoittaa, että kokemuksemme Hengestä pitäisi johdattaa meidät johonkin uuteen – syvempään palvelustehtävään tai uuteen elämän ulottuvuuteen, jota emme ole kokeneet aiemmin.

Edellä nähtiin, että profeetat, papit ja kuninkaat voideltiin Vanhassa testamentissa öljyllä vain kerran – juuri heidän tehtävänsä alussa – ja pyhitettiin näin Jumalalle. Tiedämme myös, että Jeesus väitti olevansa *Christos* – Voideltu – Luukkaan evankeliumin kohdassa 4:18–21. Kuten kaste ja täyttyminen, voitelukin kuvaa tilaa, jossa olemme Hengen ympäröimiä ja kyllästämiä. Ehkä "suihkuttaminen" olisi lähin nykykielen vastine sellaiselle voitelulle, jota kuvataan Psalmissa 133.

Kun Jeesus on voidellut meidät Hengellä, se merkitsee, että Henki tulee meihin ja meidän päällemme: voimme sanoa olevamme Hengessä aivan kuin sanoisimme olevamme suihkussa. Ja me jatkamme voitelussa koko sen ajan kun olemme Hengen "suihkun" alla.

Kohdissa 2. Kor. 1:21 sekä 1. Joh. 2:20 ja 27 kuvataan kristittyjä ihmisinä, jotka ovat "saaneet Jeesukselta Pyhän Hengen voitelun". Tämä viittaa kertaluontoiseen pyhitykseen Jumalalle ja vihkimiseen palvelukseen sekä myös syvään kokemukseen hänen tiedostaan ja ymmärryksestään.

Tähän voitelun tulkintaa viitataan myös kohdissa, joissa puhutaan Hengen laskeutumisesta – Apt. 10:44, 11:15,

Hengen tunteminen

lepäämisestä jonkun päällä – 1. Piet. 4:14, tulemisesta alas jonkun päälle – Matteus 3:16, ja vuodattamisesta – Apt. 2:17-18.

Hengen sinetti

Tätä ilmaisua käytetään kohdissa in 2. Kor. 1:22, Ef. 1:13 ja 4:30. Jotkut hengelliset johtajat väittävät, että tämä sinetöinti merkitsee omistusta ja tapahtuu automaattisesti uudestisyntymisen hetkellä. Näiden kohtien kirjaimellinen tulkinta kuitenkin viittaa sekä siihen, että sinetöinti tapahtuu myöhemmin ja – kuten voitelu, kaste ja täyttyminen – on Jeesuksen tekemä toimenpide.

Tämä käy erityisen selvästi ilmi 2. Korinttilaiskirjeen jakeesta 1:22, jossa sinetin asettaa Jumala ja se viittaa varmuuden saamiseen sellaisesta asiasta, joka on jo olemassa. Sinetin normaali juridinen merkitys on selvä. Se lisätään allekirjoituksen jälkeen vahvistamaan allekirjoituksen aitous. Kun meistä tulee kristittyjä, Henki antaa meille juridisen todisteen iankaikkisesta elämästä. Siinä on nähtävissä Jumalan allekirjoitus. Mutta hyvä uutinen on monien mielestä liian hyvää ollakseen totta. Monilta puuttuu pelastusvarmuus ja he epäilevät erehtyneensä. Sitten Jeesus painaa meihin Hengen sinetin aidoksi, uskottavaksi ja kokemukselliseksi todisteeksi perintöosastamme – siitä, että me todella kuulumme Jeesukselle.

Joh. 6:26-27 kertoo, että Jeesus on hän, johon Jumala on painanut sinettinsä. Tämän täytyy viitata Jeesuksen kasteensa yhteydessä saamaan Hengen lahjaan – sille ei ole muuta sopivaa selitystä. Niin myös Hengen laskeutuminen alas helluntaina oli kuin sinetti. Se antoi uskoville varmuuden, että Jeesuksen lupaukset olivat aitoja.

Vaikka sinetti ei kielikuvana laajenna käsitystämme siitä, mitä on "olla Hengessä", se korostaa sitä, että tämä kokemus aloittaa pysyvän muutoksen. Sinetöintihän kuvaa sekä toimintaa että pysyvää tilaa.

Hengen vastaanottaminen

Tätä ilmaisua käytetään kaksi kertaa, kohdissa Apt. 8:14-17 ja Apt. 19:2-7. Jotkut väittävät, että me saamme Pyhän Hengen automaattisesti kääntyessämme kristityiksi – eli Jeesukseen uskoviksi. Kumpikin näistä kohdista kuitenkin osoittaa, että tämä ajatus ei ole uskottava. Kertomuksissa samarialaisia ja efesolaisia pidettiin selvästi "uskovina". He olivat siis jo kristittyjä. He eivät kuitenkaan olleet vielä saaneet Henkeä Uuden testamentin edellyttämällä tavalla.

Jotkut ovat esittäneet erilaisia teorioita, joilla on pyritty häivyttämään näistä kertomuksista uudestisyntymisen ja Hengen vastaanottamisen välinen aika. Toiset ovat väittäneet, että nämä kertomukset on otettu mukaan Uuteen testamenttiin vain poikkeustapauksina.

On kuitenkin järkevämpää olettaa, että nämä kertomukset otettiin mukaan Raamattuun siksi, että niiden tapahtumat olivat täysin normaaleja. Jos ne olisivat poikkeustapauksia, miksi normaalitapausta ei ole mainittu? Tällainen olisi ylimielistä teologiaa, joka väittäisi Uudessa testamentissa kuvattujen tapahtumien olleen poikkeuksellisia ja nykyisten kokemusten normaaleja. Asia on varmasti päinvastoin.

Nämä viisi raamatullista ilmaisua kuvaavat kaikki samanlaista kokemusta – johdatusta uuteen ulottuvuuteen, täyttymistä uudella elementillä, pyhittämistä vaativaan tehtävään ja aitouden vahvistusta. Se voi tapahtua hieman uudestisyntymisen jälkeen tai päiviä, viikkoja tai jopa vuosia myöhemmin, mutta se tapahtuu aina vasta kääntymisen jälkeen.

Riippumatta siitä, miten tätä kokemusta kuvataan, siinä on aina kyse meille tehdystä toimenpiteestä – me emme voi kastaa, voidella, täyttää tai sinetöidä itseämme. Lisäksi on aina selvä todiste siitä, että se on tapahtunut. Me tiedämme onko meidät kastettu vedellä – silminnäkijät voivat vahvistaa sen. Kaste, voitelu ja sinetöinti ovat näkyviä, kouriintuntuvia ja todistettavia tapahtumia. Me olemme joko saaneet Hengen tai emme. Tämä oli ratkaiseva

Hengen tunteminen

kysymys Apostolien tekojen luvussa 19, eikä siinä ole vieläkään sijaa epävarmuudelle.

Ei ole kovin paljon väliä sillä, mitä näistä viidestä ilmaisusta käytämme Hengen vastaanottamisen ja Hengessä elämisen kokemuksesta. Merkitystä on vain sillä, että me todella vastaanotamme hänet, että me jatkossakin elämme "hänessä" ja että me autamme ja opastamme muita samaan.

Erillinen kokemus

Uskoontulo – eli kääntyminen Jumalan puoleen – on prosessi, johon kuuluu parannus, usko Jeesukseen, syntien anteeksisaaminen, vesikaste ja Pyhän Hengen vastaanottaminen. Koko prosessi voi tapahtua muutamassa minuutissa, jolloin kaikki sen osa-alueet tapahtuvat melkein samanaikaisesti – kuten tapahtui helluntaipäivänä kääntyneille. Joskus se voi kestää koko eliniän – vaikka Jumala ei tahtoisi sen kestävän niin kauan.

Johanneksen evankeliumin 3. luvussa Jeesus näyttää erottavan toisistaan Jumalan valtakunnan näkemisen, jakeessa 3, ja valtakuntaan pääsyn, jakeessa 5. Jae 3 osoittaa, että Jumala antaa ihmisille hengellisen näkökyvyn uudestisyntymisessä – kun Henki luo heidät uudeksi. Tällöin uskovan iankaikkinen kohtalo muuttuu ja hän alkaa nähdä asiat "Jumalan tavalla" ja hänessä syntyy halu kokea hengellisiä asioita. Jae 5 osoittaa kuitenkin, että valtakunnan "näkemisen" lisäksi Jumala tahtoo meidän "pääsevän" siihen syvälle – maistavan sitä, nauttivan siitä ja elävän siinä. Tämä pääsy luo mahdollisuuden – mutta ei välitöntä käytännön todellisuutta – voittaa synnit, saada voimaa todistamiseen ja kasvaa Kristuksen kaltaiseksi. Yksittäisen uskovan kuuliaisuudesta ja jatkuvasta elämästä Hengessä riippuu, toteutuvatko nämä asiat käytännössä täysin, mutta tätä mahdollisuutta ei ole ilman pääsyä Jumalan valtakuntaan.

Uudeksi luominen eli uudestisyntyminen on Pyhän Hengen työtä. Hän on uudestisynnyttäjä, joka toimii aktiivisesti maailmassa ja uskomattomien parissa. Joh. 16:8 osoittaa,

Hengen vastaanottaminen

että hän vakuuttaa syntiset synnistä, vanhurskaudesta ja tuomiosta, ja Joh. 3:1-8, Room. 8:1-14 sekä 1. Kor. 2:10-14 osoittavat selvästi, että ei ole yksinkertaisesti mahdollista tulla kristityksi ilman Pyhän Hengen vaikutusta.

Kukaan ei voi päättää uudestisyntymisestä ja kukaan ei voi saada sitä aikaan. Kukaan ei tiedä ennalta, milloin se tapahtuu, ja ihmiset eivät aina tiedosta tai ymmärrä täysin, että se on tapahtumassa. Me vain tiedämme, kun se on tapahtunut, sillä me huomaamme uskovamme sen, mihin emme koskaan aikaisemmin pystyneet uskomaan. Kaiken tämän saa aikaan Henki, kuten Jeesus kuvaa Johanneksen evankeliumin jakeessa 3:8. Se on hänen työtään.

On kuitenkin mahdollista syntyä uudesti ilman kastetta Hengessä. Tämä on Jeesuksen aikaansaannosta. Kuten edellä todettiin, hän on kastaja ja Pyhä Henki on kasteen väliaine. Seuraavassa on kahdeksan Raamatun esimerkkiä uskovista, jotka Jumala on ottanut omakseen mutta eivät ole vielä saaneet kastetta Hengessä.

- ◆ Useimmat Vanhan testamentin pyhät olivat uskovia, joilla ei ollut Hengen voitelua.

- ◆ Apostolit olivat uudestisyntyneitä uskovia, jotka tekivät ihmeitä, mutta heitä ei ollut kastettu Hengellä – eivätkä he puhuneet kielillä – ennen helluntaita.

- ◆ Apostolien tekojen 2. luvussa mainitut 3 000 hurskasta juutalaista tulivat Pietarin saarnan aikana Jeesukseen uskoviksi. He saivat kuitenkin Hengen vasta kääntymisensä ja vesikasteensa jälkeen.

- ◆ Apostolien tekojen 8. luvussa mainitut samarialaiset olivat vastaanottaneet Jumalan sanan ja vesikasteen, mutta he saivat Hengen vasta, kun apostolit panivat kätensä heidän päälleen.

- ◆ Apostolien tekojen 9. luvussa Saulus oli tunnustanut Jeesuksen Herraksi. Ananiaan ei tarvinnut saarnata hänelle hyvää uutista vaan ainoastaan panna kätensä

Hengen tunteminen

hänen päälleen, jotta hän parantuisi ja täyttyisi Hengellä.

◆ Apostolien tekojen 10. luvussa kerrotaan, kuinka Cornelius ja hänen perhekuntansa saivat Hengen Pietarin saarnatessa heille. Tämä osoittaa, että Jumala hyväksyi nämä pakanat omikseen ja oli puhdistanut heidän sydämensä uskolla. Vaikka heidän kasteensa Pyhällä Hengellä tapahtui hyvin pian heidän uskoontulonsa jälkeen, Apt. 15:8–9 osoittaa selvästi, että heidän kasteensa Hengellä oli todiste siitä, että he olivat tulleet uskoon. Hengen saaminen tapahtui siis uskoontulon jälkeen.

◆ Apostolien tekojen 19 luvussa kuvatuissa efesolaisissa uskovissa täytyi olla jotain, joka sai Paavalin kysymään, olivatko he saaneet Hengen uskoon tullessaan. Paavali selvästi näki, että heidän kokemuksensa Hengestä oli puutteellinen, mutta hän ei epäillyt heidän uskonsa aitoutta. Tässä valossa on selvää, että Paavali piti uskoontuloa saamatta Henkeä mahdollisena.

◆ Ef. 1:13 on toinen vahvistava jae, joka osoittaa, että Pyhän Hengen saaminen on erillinen ja uskoon tuloa myöhempi tapahtuma. Paavali käyttää "edeltävän toiminnan partisiippia" ja kirjoittaa sananmukaisesti "uskoon tultuanne teidät sinetöitiin" (Hengellä). Jotkut väittävät Paavalin käyttämän rakenteen viittaavan siihen, että nämä kaksi asiaa tapahtuivat samaan aikaan – "uskoon tullessanne teidät sinetöitiin". Tässä he sekoittavat tämän kieliopillisen rakenteen "identtisen toiminnan partisiippiin", joka ilmaisee samanaikaista toimintaa. Mutta "uskoontulo" ja "sinetöinti Hengellä" ovat selvästi kaksi eri asiaa ja "uskoon tulemisen" täytyy tapahtua ennen "sinetöintiä" – mitä Pyhä Henki muuten voisi sinetöidä? Asian ymmärtämiseen ei vaikuta näiden kahden tapahtuman aikaväli vaan ainoastaan näiden kahden asian erottaminen toisistaan.

Uudeksi luomisen eli uudestisyntymisen saa aikaan

Hengen vastaanottaminen

Pyhä Henki. Se muuttaa meidän kohtalomme ja käynnistää kääntymisprosessin – johon kuuluu parannuksen teko, uskoon tulo, kaste ja Hengellä täyttyminen.

Riippumatta siitä, mitä ilmaisua käytämme kuvaamaan edellä käsiteltyä Hengen vastaanottamista, me voimme olla varmoja, että sillä on neljä raamatullista piirrettä:

◆ Se johdattaa meidät – eli aloittaa elämässämme jotain uutta – elämään Hengessä ja Hengen kanssa

◆ Se on kokemuksellinen – jotain todella tapahtuu

◆ Se tapahtuu uskoontulon ja uudestisyntymisen jälkeen – eli ajallisesti se seuraa sitä hetkeä, jolloin me uskoimme ja synnyimme uudesti Hengestä

◆ Siitä on korvin kuultavat todisteet – profeetallinen kielilläpuhuminen on Raamatun mukaan sen normaali seuraus.

Raamatussa mainitaan monta todistetta Hengellä täyttymisestä – esimerkiksi lisääntynyt kiinnostus hengellisiin asioihin sekä hengellinen aktiivisuus ja pelastusvarmuus. Esimerkkejä näistä on kohdissa Apt. 2:42–46, 4:32–35, Markus 1:12–13, Room. 8:15–23 ja Hepr. 10:15.

Luukas 24:48–49, Apt. 1:4–8, 4:31, 6:10, 9:20–22, 10:46 ja 19:6–10 kuitenkin osoittavat, että korvin kuultava todiste on näistä ilmeisin ja välittömin. Asian ydin on siinä, että Pyhän Hengen kastetta seuraava puhe on aina muodoltaan "profeetallista", kuten Apostolien teoissa kerrotaan, koska sen saa aina aikaan Pyhä Henki – oli se sitten ylistystä, profetiaa tai kielilläpuhumista. Viimeksi mainittua voidaan pitää uutena profeetallisen puheen muotona, joka oli Uuden testamentin seurakunnalle uuden Hengen aikakauden merkki.

Kielet tai profeetallinen puhe oli tietysti tarkoitettu jatkuvaksi todisteeksi jatkuvasta kokemuksesta – ne eivät olleet kertaluontoinen tapahtuma joka olisi myöhemmin lakannut.

Henkikaste johtaa uuteen elämän ulottuvuuteen – elämään

Hengen tunteminen

Hengessä. Siksi meidän tulee jatkuvasti juoda Pyhää Henkeä ja kylpeä tai "imeä itsemme täyteen" hänen läsnäoloaan saaden joka päivä lisää. On kuin helluntaipäivänä taivaasta olisi alkanut virrata joki – Pyhän Hengen virta, ja meidän tulee pysytellä virrassa ja nauttia jatkuvasti Hengen kokemuksesta. Toisin kuin Johanneksen opetuslapset, jotka nousivat kasteen jälkeen pois Jordan-virrasta, Jeesuksen opetuslapset pysyttelevät "Hengen virrassa" saatuaan häneltä kasteen.

Kun me vastaanotamme Hengen, me alamme elää Hengessä ja voimme alkaa palvella Jumalaa voimakkaammin ja tuoda esiin hänen läsnäoloaan selvemmin – kaikilla niillä ihmeellisillä tavoilla, joita tutkitaan seuraavassa osassa.

Osa 5

Hengen voima

Raamatun ensimmäisestä luvusta viimeiseen asti löytyy esimerkkejä siitä, kuinka Henki saa aikaan ratkaisevan käänteen. Riippumatta siitä, näemmekö hänet sitten myrskytuulena vai toisena Jeesuksen kaltaisena persoonana, meidän täytyy tunnustaa, että hän saa aina aikaan ratkaisevan muutoksen.

Raamattua tutkiessamme me keskitymme helposti vain yhteen tai kahteen niistä muutostyypeistä, jotka Henki saa aikaan. Monet seurakunnat keskittyvät vain joihinkin Hengen toiminnan piirteisiin – mutta jättävät samalla joitakin muita hänen toimintansa osa-alueita huomiotta. Joku ryhmä saattaa esimerkiksi korostaa hänen voimaansa todistamisessa, toinen taas puhdasta elämäntapaa Hengessä ja kolmas ryhmä keskittyy armolahjojen toimintaan ja erityisiin palvelustehtäviin.

Jos haluamme olla Hengen kyllästämiä ihmisiä, jotka elävät vain hänen läsnäolossaan, on tärkeää ymmärtää kaikkia hänen toimintansa osa-alueita. Meidän pitää janota kaikkia muutoksia, joita Henki haluaa tehdä meidän henkilökohtaiseen tai yhteisölliseen elämäämme. Meidän ei pidä yrittää sanella, mitä hänen pitäisi tehdä, tai odottaa hänen toimivan vain tietyllä alueella. Meidän on oltava valmiita kaikkeen!

Kun Henki Vanhassa testamentissa laskeutui joidenkin valittujen päälle, hän sai heidät puhumaan Jumalan ajatuksia voimakkaasti, arvovaltaisesti ja tarkasti. Samoin on myös Uudessa testamentissa ennen helluntaita tapahtuneiden täyttymisen laita. Luukkaan evankeliumin ensimmäiset kolme lukua osoittavat, kuinka Johannes, Elisabet, Simeon, Sakarias ja Jeesus puhuivat Hengen voitelussa voimalla ja arvovallalla. Jeesuksen kasteen jälkeen (mutta ei sitä ennen) ihmiset mainitsivat jatkuvasti hänen voimakkaasta ja arvovaltaisesta

Hengen tunteminen

puhetavastaan. Esimerkkejä tästä on kohdissa Matteus 7:28–29, Markus 1:27, 6:1–3, Luukas 4:22 ja 32.

Voisi hyvin kuvitella, että opetuslapset, jotka olivat ajaneet ulos riivaajia, olleet Jeesuksen seurassa kolme vuotta ja omin silmin nähneet todisteet hänen ylösnousemuksestaan, olisivat olleet vähintäänkin riittävän hyvin varustautuneita todistamaan. Mutta asia ei ollut näin. Heillä oli kyllä kokemusta, koulutusta ja tietoa, mutta heiltä puuttui ainoa hyväksyttävä pätevyysvaatimus – Jumalan eli Pyhän Hengen voima. Luukkaan evankeliumin kohdassa 24:48–49 sekä Apostolien tekojen kohdassa 1:4–8 Jeesus lupasi, että Hengen voitelu korjaisi tämän puutteen, ja Apostolien teot todistaa, että näin kävi.

Ne kolmetuhatta ihmistä, jotka kääntyivät helluntaina, olivat opetuslasten kautta virtaavan Hengen voiman näkyvä hedelmä ja tulos. Mutta me tiedämme, että helluntai oli vasta sadonkorjuun ensi hedelmä – luvassa oli vielä paljon enemmän.

Lukiessamme Apostolien tekoja voimme nähdä, kuinka evankeliumi aluksi levisi Hengen voimalla. Esimerkiksi Apostolien tekojen kohdat 4:33, 6:8 ja 10:38 osoittavat, kuinka keskeisellä sijalla voima oli seurakunnan todistustyössä. Kreikan kielen yleisin voimaa tarkoittava sana on *dunamis*. Se kuvaa henkilön moraalista, fyysistä tai hengellistä kykyä. Se on räjähtävää energiaa, joka saa asiat tapahtumaan! *Dunamis* on Jumalan yliluonnollinen voima, jonka kautta tapahtuu ihmeitä, saarnasta tulee tehokasta, ja uskovia vahvistetaan kärsimään hirveää vainoa ja vastustusta.

Jotkut uskovat ovat aivan oikein korostaneet Hengen voimaa todistamisessa mutta jättäneet kuitenkin huomiotta sen merkityksen muilla kristillisen elämän osa-alueilla. Uusi testamentti osoittaa, että Hengen *dunamis*-voimalla on useita eri tarkoituksia kristityn elämässä. Uudessa testamentissa osoitetaan, että Jumalan voima antaa uskoville esimerkiksi kyvyn:

Hengen voima

- Olla Jeesuksen todistajia – Apt. 1:8
- Todistaa Jeesuksen ylösnousemuksesta – Apt. 4:33
- Tehdä suuria ihmeitä ja merkkejä – Apt. 6:8
- Tehdä hyvää ja parantaa – Apt. 10:38
- Olla vahvoja toivossa – Room. 15:13
- Saada aikaan väkeviä merkkejä ja ihmeitä – Room. 15:18–19
- Puhua ja saarnata – 1. Kor. 2:4–5
- Kestää vastoinkäymisiä – 2. Kor. 6:6–10
- Iloita heikkoudesta – 2. Kor. 12:9
- Juurtua Jumalan rakkauteen – Ef. 3:16
- Vastustaa vihollista rukouksessa – Ef. 6:10
- Julistaa evankeliumia – Fil. 4:13 ja 1. Tess. 1:5
- Olla kärsivällisiä – Kol. 1:11
- Osallistua Kristuksen kärsimyksiin – 2. Tim. 1:7–8.

Voimaa julkiseen julistukseen

Vanhassa testamentissa voitelu tai täyttyminen Hengellä antoi Jumalan palvelijoille kyvyn vastaanottaa, ymmärtää ja puhua Jumalan ajatuksia. Hengen avulla he tiesivät, mitä Jumala tahtoi heidän sanovan, ja heillä oli Jumalan arvovalta ja *dunamis* sanoa se ääneen julkisesti.

Uudessa testamentissa Pyhä Henki antoi kaikille Hengellä täyttyneille uskoville kyvyn tietää, mitä puhua, ja tuoda se esiin ja voimalla arvovallalla, jota heillä ei luonnostaan ollut. Paavali tekee tämän selväksi 1. Korinttilaiskirjeen jakeessa 2:4.

On tärkeä ymmärtää Raamatun ajatus, että helluntaina Henki muutti opetuslasten julkisen julistuksen. Apt. 2:4 osoittaa selvästi, että opetuslasten täytettyä Hengellä Henki antoi heille "puhuttavaa". Tästä käytetään kreikankielen sanaa

Hengen tunteminen

apoptheggomai, jota käytetään vain tässä kohdassa eli Apt. 2:14 ja 26:25. Se tarkoittaa sananmukaisesti "lausua julki" ja viittaa julkisen puheen pitämiseen.

Tämän sanan hiukan kevyempää muotoa *phtheggomai* – joka tarkoittaa puhumista – käytetään jakeessa Apt. 4:18. Tässä jakeessa ei kielletä kaikkea puhumista vaan vain julkinen puhuminen Jeesuksesta. Jos kielto olisi koskenut yksityisiä keskusteluja, olisi käytetty sanaa *lego* tai *laleo*.

Tässä valossa Apostolien tekojen jakeessa 2:4 mainittu "puhuttava" oli erityinen Hengen antama kyky ja voima astua esiin ja puhua julkisesti. Se oli "sisua" puhua julkisuudessa voimakkaasti Jeesuksesta – ja se annettiin kaikille Pyhällä Hengellä täyttyneille.

Kielilläpuhumisen armolahja oli helluntain olennainen piirre. Se oli selvästi uusi asia Hengen vastaanottamisessa – sillä ennen helluntaita kukaan Hengellä täyttynyt ei ollut rukoillut kielillä. Olen vakuuttunut siitä, että meidän pitäisi kiireesti löytää uudestaan kielilläpuhumisen keskeinen tehtävä merkkinä uskomattomille. Meidät tulee kuitenkin samalla huomata, että Henki antoi opetuslapsille myös voiman astua esiin ja julistaa tuhansien ihmisten edessä – omalla kielellään – "Jumalan ihmeellisiä tekoja" tavalla, joka hämmästytti ihmisiä ja houkutteli kuulijoita paikalle.

Voima tehdä ihmeitä
Vanhassa testamentissa Jumala oli tehnyt ihmeitä nimenomaan voideltujen profeettojen kautta. Mooseksen, Elian ja Elisan kaltaiset ihmiset – jotka olivat täyttyneet Hengellä – saivat todeta, että Jumala ei vain antanut heille voimaa puhua julkisesti vaan teki myös ihmeitä heidän kauttaan.

Näin on myös Uudessa testamentissa. Apt. 6:8 osoittaa, että voima oli avain Stefanuksen ihmeisiin. Room. 15:18–19 korostaa, että tämä ihmeitä tekevä voima on Jumalan Hengen voima.

Matteus 21:11, 46, Markus 6:4–15, Luukas 7:11–17 ja Joh. 7:40 osoittavat myös, että Jeesuksen ajan ihmiset pitivät

Hengen voima

häntä profeettana nimenomaan ihmeiden takia. Ihmeet ja merkit eivät saaneet heitä pitämään Jeesusta jumalallisena, he pikemminkin pitivät häntä yhtenä Hengen täyttämistä profeetoista, joita he tunsivat historiastaan. (On kuitenkin tärkeää huomata, että Jeesuksen vastaanottama Hengen voitelu – joka oli mittaamaton – sekä ihmeelliset voimateot – joille ei ole vertaa – yhdessä Jeesuksen ainutlaatuisen sanoman kanssa osoittavat, että hän on jumalallinen.) Ihmiset tunnustivat ihmeiden ja merkkien tarkoittavan, että Jumala oli Jeesuksen kanssa erityisellä tavalla. Tämä on myös yksi ratkaiseva ero, jonka Henki tekee.

On tärkeää ymmärtää, että Henki antaa voiman tehdä ihmeitä nimenomaan julistettaessa hyvää sanomaa Jeesuksesta niille, jotka eivät vielä usko. Uudessa testamentissa merkkejä ja ihmeitä annettiin pääasiassa vakuuttamaan ihmiset siitä, että sanoma Jeesuksesta oli totta. Totta kai Jumala parantaa, huolehtii ja vapauttaa, koska hän välittää sairaista ja puutteenalaisista ihmisistä, mutta ihmeitä tapahtuu pääasiassa evankelioinnin yhteydessä.

- ◆ Esimerkiksi Apostolien tekoihin on kirjattu:
- ◆ Kahdeksan ihmeparantumista – 3:1–10, 9:8–19, 9:32–35, 9:36–43, 14: 8–10, 14:19–20, 20:7–12 ja 28:7–10
- ◆ Kuusi yleistä mainintaa parantumisesta – 2:43; 5:12–16; 6:8; 8:4–8; 14:3 & 19:11–12
- ◆ Yksi esimerkki henkivalloista vapautumisesta – 16:16–18
- ◆ Kolme yleistä mainintaa vapautumisesta – 5:12–16, 8:4–8 ja 19:11–20.

Jos lukee nämä kohdat tarkasti, huomaa niiden osoittavan, että ihmeet ja merkit ovat olennaisesti osa seurakunnan Hengen innoittamaa ja voimauttamaa todistusta Jeesuksesta. Tästä syystä voimaa tehdä ihmeitä ei voi erottaa voimasta julistaa julkisesti.

Hengen tunteminen

Apostolien teoissa ihmeillä on tärkeä tehtävä evankelioinnissa ja seurakunnan kasvussa. Esimerkkejä:

- Kun halvaantunut mies oli parannettu Apostolien tekojen 3. luvussa, Pietari ja Johannes vangittiin ja heitä nuhdeltiin, mutta monet niistä, jotka olivat kuulleet Pietarin selityksen ihmeestä, tulivat uskoon − Apt. 4:4

- Sauluksen parantumisesta seurasi hänen saarnansa Damaskoksessa, joka oli johdantoa hänen tulevalle hedelmälliselle työlleen − Apt. 9:20

- Kun Aineas oli parannettu, "kaikki, jotka asuivat Lyddassa ja Saaronin tasangolla, näkivät hänet, ja he kääntyivät ja uskoivat Herraan". − Apt. 9:35

- Tieto Tabitan kuolleista heräämisestä levisi koko Joppeen, "ja monet uskoivat nyt Herraan" − Apt. 9:42.

Apostolien teoissa seurakunnan kasvun syyksi mainitaan:

- Neljätoista kertaa − ihmeiden ja evankeliumin julistuksen välinen yhteys

- Kuusi kertaa − ihme yksistään

- Yhden kerran − pelkkä saarna (Korintissa).

Nämä esimerkit riittävät varmaankin osoittamaan, että parantumisen luonnollinen ja oikea asiayhteys on hyvän uutisen julistaminen niille, jotka eivät vielä kuulu Kristukselle. Paavali varmasti ajatteli näin kirjoittaessaan Roomalaiskirjeen jakeet 15:18−19.

Vain muutamat Uudessa testamentissa mainituista parantuneista olivat Kristuksen seuraajia. Paavali, Lasarus ja Tabita olivat opetuslapsia, ja niin saattoivat olla myös Aineas, Eutykos ja Paavalin anoppi.

Mutta muut 32 ihmistä, joiden ihmeparantumisesta Pyhän Hengen voimalla Uusi testamentti kertoo, eivät näytä olleen parantuessaan Kristuksen seuraajia. Tästä voidaan päätellä, että evankeliointi on tärkein asiayhteys, jossa Henki päättää tehdä voimakkaita ihmeitä.

Hengen voima

Voimaa sodankäyntiin

Efesolaiskirje 6:10-20 ja 1. Pietarin kirje 5:8 osoittavat, että kaikki kristityt ovat mukana taistelussa pimeyden valtoja vastaan. Me voimme tuntea itsemme heikoiksi ja riittämättömiksi ajatellessamme kaikkea pahaa, mitä maailmassa on, kamppaillessamme jotakin henkilökohtaista kiusausta vastaan tai yrittäessämme kumota ihmisten vastaväitteitä uskoamme kohtaan. Mutta esimerkiksi 2. Korinttilaiskirjeen jakeissa 10:4-6 luvataan, että Henki antaa meille kaiken sen voiman, jota me tarvitsemme tällaisessa hengellisessä sodankäynnissä.

Henki ei anna meille voimaa vain puhua julkisesti Jeesuksesta vaan myös elää puhtaasti Jeesukselle. Hän antaa meille voiman tehdä sitä, minkä me tiedämme tarpeelliseksi ja mitä me todella haluamme tehdä, vaikka emme siihen heikkoutemme takia pysty. Hän antaa meille voiman sanoa ei niille houkutuksille, joita "maailma, liha ja paholainen" näyttävät tarjoavan – olivat ne sitten ilmeisiä paheita, kuten riippuvuus tupakasta tai alkoholista, tai vähemmän ilmeisiä, kuten maine, kunnia ja imartelu. Hän antaa meille voimaa säilyttää malttimme sellaisten ihmisten kanssa, jotka todella koettelevat kärsivällisyyttämme, kestää järkähtämättä painostusta sekä rakastaa niitä, joita ei ole helppo rakastaa – itse asiassa tehdä kaikkia niitä jumalisia asiolta, joita vihollinen koettaa jatkuvasti estää meitä tekemästä.

Jotkut kristityt tosin näkevät kaikki vaikeudet pahojen henkien aiheuttamina ja ovat liian keskittyneitä Saatanan kanssa kamppailemiseen. Kuitenkin monet ongelmat, joita me kohtaamme, ovat vain osa langenneen ihmiskunnan rangaistusta. Elämän jokapäiväiset ongelmat voivat vaikuttaa ylittämättömiltä, mutta Jumala antaa meille armoa ja *dunamista*, jota tarvitsemme heikkouksiemme ja ongelmiemme voittamiseen. 2. Korinttilaiskirjeen jakeet 12:9-10 on tärkeä kohta, joka auttaa meitä asettamaan ongelmamme oikeaan perspektiiviin ja tarkastelemaan niitä Raamatun opettamalla tavalla.

Hengen tunteminen

Me kaikki joudumme yhä uudelleen huutamaan Jumalaa apuun ja anomaan häntä auttamaan meitä, vahvistamaan meitä ja antamaan meille voimaa puhua ja toimia oikein sekä kestää ne paineet, joita kohtaamme. Me voimme kuitenkin olla varmoja, että Hengen voima on kaikki, mitä tarvitsemme kestääksemme paineet ja voittaaksemme vaikeudet. Me kaikki joudumme kamppailemaan jatkuvasti pahan eri muotoja vastaan – joko meissä itsessämme tai ympärillämme. On elintärkeää ymmärtää, että vain Hengen voima voi viedä meidät voittoon. Jos turvaudumme vain omiin voimavaroihimme ja kokemukseemme, koemme joka kerta tappion.

Efesolaiskirjeen jakeessa 3:16 Paavali rukoili *dunamista*, ja sen tulisi olla meidänkin alituinen rukouspyyntömme – sekä meille itsellemme että niille, joita rakastamme ja palvelemme. Me tarvitsemme epätoivoisesti Hengen räjähtävää voimaa, joka auttaa meitä lyömään takaisin pahan etulinjat yhteiskunnassa ja pystyttämään Jumalan valtakuntaa paikkakunnallamme.

Voimaa pysyä kestävinä toivossa
Useimmat kristityt tuntevat joitakin Jumalan lupauksia. Me tarvitsemme kuitenkin Hengen voimaa muuttaaksemme nämä lupaukset konkreettiseksi kokemukseksi, joka täyttää meidät iloisella toivolla jopa kohdatessamme huonoja uutisia. Meidän tulee Paavalin tavoin (Room. 15:13) jatkaa esirukousta toistemme puolesta, jotta Jumala täyttäisi meidät ilolla, rauhalla ja toivolla.

Monet uskovat sortuvat maailman tavoin etsimään nopeaa ratkaisua vaikeuksiinsa sen sijaan, että turvautuisivat Jumalan antamaan voimaan kestää vastoinkäymisiä. 2. Kor. 6:3–10 ja Kol. 1:11 auttavat meitä ymmärtämään Paavalin asennetta vaikeisiin olosuhteisiin. Hän tiesi sen tosiasian, että Jumala antaa kärsivällisyyttä ja armoa vaikeuksien kestämiseen. Meidän tulee muistaa – ja opettaa toisillemme – että Jumalan *dunamis*-lahja, joka antaa meille kestävyyttä, on usein Jumalan tapa voittaa vaikeudet.

Hengen voima

Nimenomaan nöyrän Hengen voima lujittaa meidän päättäväisyyttämme kestää koetuksia. Juuri *Parakletos* – "rohkaisija" – kehottaa meitä jatkamaan vastoinkäymisistä huolimatta. Tämä "totuuden Henki" opettaa meitä ymmärtämään, että kärsivällisyys antaa meille uskoa, ja hylkäämään maailman ajatukset ja asenteet.

Voimaa seurakunnalle

Ef. 1:19–23 on yksi hienoimmista Jumalan *dunamis*-voiman kuvauksista Uudessa testamentissa, ja siitä käy ilmi, että Jumala antaa voimaa erityisesti seurakunnan yhteydessä.

Viime aikoina länsimaisissa yhteiskunnissa on korostettu voimakkaasti yksilöllisyyttä. Tämä on vaikuttanut myös seurakuntaan, ja monet hengelliset johtajat ovat ylikorostaneet yksilöllistä vastausta Jumalalle.

Tätä tärkeää totuutta täytyy täydentää Uuden testamentin ilmoituksella yhteisöllisestä vastauksesta, suhteesta ja toiminnasta. Toisin kuin suomessa, englannin kielessä sana "you" voi olla joko yksiköllinen tai monikollinen. Yksilöllisyyden korostus yhteiskunnassa on johtanut siihen, että monet Uuden testamentin kohdat tulkitaan yksilön kannalta. Monet Raamatun kohdat on tarkoitettu meille yhteisönä, mutta me helposti sovellamme niitä vain itseemme.

Kreikan kielessä erotetaan kuitenkin toisistaan yksiköllinen "sinä" ja monikollinen "te". Useimmissa kohdissa Uuden testamentin kehotukset onkin osoitettu "teille" yhteisönä eikä vain yksilölle.

Niinpä Jumalan lupauksetkin koskevat "meitä kaikkia" eikä niinkään "meitä erikseen". Tämän vuoksi myös Raamatun kielikuvat seurakunnasta kuvaavat yhdistynyttä kokonaisuutta – Kristuksen ruumista, morsianta, temppeliä ja niin edelleen – eikä niinkään pieniä erillisiä yksiköitä.

Ef. 1:19–23 on terveellinen muistutus siitä, että Jumalan voima annetaan lähinnä seurakuntayhteydessä. Matteus 16:18 toteaa, että helvetin portitkaan eivät voi kestää seurakuntaa vastaan – ei siis yksittäisiä uskovia vastaan. Siksi meidän

Hengen tunteminen

pitäisi rukoillessamme Jumalan *dunamis*-voimaa pyytää sitä mieluummin "meille" kuin "itsellemme"!

Voimaa todistaa Jeesuksesta
Yrittäessämme ymmärtää niitä yleisiä tarkoituksia, joihin Henki antaa meille voimaansa, meidän pitää tutkia sellaisia jakeita kuin Apt. 4:33. Henki antaa meille voimaa julistukseen ja koetusten kestämiseen, ihmeisiin ja hengelliseen sodankäyntiin, jotta me olisimme ylösnousseen Herran Jeesuksen voimakkaita todistajia.

Ihmeiden tarkoitus ei ole ainoastaan tuoda jännitystä elämäämme ja kannustaa meitä. Voittoa ja toivoa ei ole tarkoitettu vain meidän mukavuuttamme varten. Niiden tarkoitus on toimia vaikuttavana ja tehokkaana todistuksena muille. Kaikki Hengen voiman osa-alueet on annettu meille, jotta oppisimme tuntemaan Jeesuksen paremmin ja tuomaan Jeesusta selkeämmin esiin ympärillämme oleville apua tarvitseville ihmisille. Todellisen hengellisen voiman mittapuu onkin se, johdattaako se ihmiset syvälliseen Jeesuksen tuntemiseen ja ymmärtämiseen.

Jeesuksen voimakas varoitus Matteuksen evankeliumin jakeissa 7:15–23 osoittaa selvästi, että kyky ajaa ulos riivaajia, profetoida tai tehdä ihmeitä ei itsessään riitä. Jos hengellinen voima ei tuo ihmisiä lähemmäs Jeesusta, jos palvelustehtävämme taustalla on itsekäs motiivi, tai kuuliaisuus ja totuudellisuus puuttuvat, tai huomio keskittyy johonkin "Jumalan mieheen", on kyseessä "teatteriesitys" – eli noita Simonin henki, josta kerrotaan Apostolien tekojen 8. luvussa. Siinä nähdään houkutus saada voimaa ilman totuutta, pyhyyttä ja moraalista puhtautta. Siinä halu saada voimaa nähdään sekä päämääränä että keinona sen saavuttamiseen.

Liian monet uskovat rukoilevat voimaa muista syistä kuin halusta tuntea Jeesus paremmin ja todistaa hänestä selkeämmin. Ja liian monet hengelliset johtajat yrittävät manipuloida Jumalan voimaa oman tahtonsa mukaan, kun heidän pitäisi sen sijaan kokea Hengen voimaa totellessaan Jumalan tahtoa.

Hengen voima

Meidän ei pitäisi käyttää ihmiskeskeistä kieltä puhuessamme Hengen työstä – ikään kuin Jumalan voima olisi jotakin, jonka me voimme tarvittaessa napsauttaa päälle ja ottaa käyttöön. Me annamme itsemme hänen käyttöönsä ja hän käyttää meitä – ei koskaan toisin päin.

Meidän on hylättävä ajatus, että Jumalan voima toimisi automaattisesti meissä ja että voisimme ohjailla sitä pyhityksemme ja uskomme tason perusteella. Hän on Jumalan henkäys, joka puhaltaa missä tahtoo – ja hänen puuskiensa voima vaihtelee.

Meidän on varottava tarjoamasta Henkeä evankeliointipuheissa voimavarana, jonka uskomattomat voivat valjastaa käyttöönsä ja jota he voivat hallita sen jälkeen, kun ovat antaneet elämänsä Kristukselle. Jumalan voima meissä ei välittömästi poista luonteenvikojamme ja tee elämästämme suoraviivaista ja mukavaa. Elämämme on jatkuvaa taistelua maailmasta, lihastamme ja paholaisesta tulevia paineita ja juonia vastaan.

Toki Henki saa aikaan hämmästyttäviä muutoksia *dunamis*-voimallaan. Hän antaa meille kyvyn ja voiman tehdä sitä, minkä tiedämme tarpeelliseksi. Tämä voima, jonka Kristus antaa meille Hengen kautta, on upea tosiasia, jota meidän pitäisi haluta kokea yhä enemmän.

Mutta hän antaa voimaansa meille vain sitä tarkoitusta varten, että tuntisimme Jeesuksen paremmin ja voisimme tuoda häntä esiin selvemmin. Olemme nähneet että aidot Hengen työn osa-alueet kirkastavat ja tuovat aina esiin Kristusta. Tämän takia meidän pitäisi aina puhua Hengestä ja hänen työstään kristuskeskeisellä tavalla. Mikä tahansa muu olisi hänen työnsä halventamista.

Hengen voima on tosin annettu meille, mutta se on annettu nimenomaan tekemään meistä parempia todistajia – joiden jokapäiväinen käytös ja hengellinen arvovalta osoittavat, että Jeesus elää taivaassa.

Osa 6

Hengen puhtaus

Vaikka me puhumme usein vain "Hengestä", tiedämme, että häntä voidaan aina kutsua nimellä "Pyhä Henki". Hänen nimensä – kuten kaikki Jumalan nimet Raamatussa – ilmentää hänen luontoaan. Hän on täydellisen pyhä.

Mitä tarkoittaa olla pyhä?
Edellä nähtiin, että kreikankielen "pyhää" tarkoittava sana on *hagios*. Monille ihmiselle sana "pyhä" tuo mieleen moraalisia asioita. He ajattelevat, että olla pyhä on sama kuin olla oikein hyvä, käytökseltään moitteeton, jopa synnitön. Mutta *hagios* on lähinnä toimintaa kuvaava sana, joka tarkoittaa "täysin erotettu-omistettu-pyhitetty". Sanaa *hagios* käytetään kuvaamaan:

◆ Isää – Luukas 1:49, Joh. 17:11, 1. Piet. 1:15–16, Ilmestyskirja 4:8 ja 6:10

◆ Poikaa – Luukas 1:35, Apt. 3:14, 4:27–30 ja 1. Joh. 2:20

◆ Henkeä – 2. Tim. 1:14, Titus 3:5, 2. Piet. 1:21 ja Juudas 20.

Kolmiyhteinen Jumala on "pyhä" siinä mielessä, että hänen ääretön luontonsa erottaa hänet täysin kaikesta luomakunnasta: hän on "jotain täysin muuta". Mutta Jumalan erottaa ihmiskunnasta myös hänen moraalinen täydellisyytensä, mutta tässä tapauksessa hänen pyhyytensä – hänen erottumisensa – on hänen synnittömyytensä tulos pikemminkin kuin sen kuvaus.

Kolminaisuuden jäsenet – Isä, Poika ja Henki – ovat "pyhiä" siinä mielessä, että he ovat täysin omistautuneita toisilleen. Jeesus osoittaa pyhyytensä täydellisellä pyhittäytymisellä Isälle ja Henki osoittaa pyhyytensä siinä, että hän on

Hengen tunteminen

olemassa vain kirkastaakseen Jeesusta. Heidän absoluuttinen omistautumisensa toisilleen on heidän pyhyytensä perusta.

Uudessa testamentissa uskovia kutsutaan *hagios*, koska he ovat omistautuneita Jumalalle, ja tämä käännetään toisinaan sanalla "pyhät". Kreikan kielessä on monia muitakin sanoja, joita olisi voitu käyttää, esimerkiksi, *hieros* – "pyhitetty" tai "ulkoisesti Jumalaan liittyvä", *semnos* – "arvollinen" tai "kunniakas", ja *hagnos* – "puhdas" tai "vapaa saastutuksesta". Kuitenkin heistä käytetään sanaa *hagios* – joka kuvaa Hengen luontoa.

Hagiasmos – "pyhyys" – tarkoittaa ensisijaisesti erottautumista Jumalalle. Esimerkkejä tästä on kohdissa 1. Kor. 1:30, 2. Tess. 2:13 ja 1. Piet. 1:2. Mutta *hagiasmos* kuvaa myös erottautumisen tuloksena olevaa tilaa – eli käytöstä, joka on sovelias niille, jotka ovat täysin omistautuneita, pyhitettyjä, sitoutuneita Jumalaan. Tämä nähdään esimerkiksi kohdista Room. 6:19, 22, 1. Tess. 4:3–7, 1. Tim. 2:15 ja Hepr. 12:14. Tässä valossa pyhyys ei ole jotain, jonka me pyrimme tavoittamaan, vaan tila, johon Jumala on armossaan kutsunut meidät ja jossa me elämme.

Edellä nähtiin, että Hengellä täyttyneet uskovat on kutsuttu pysymään kastealtaassa – pysymään Hengessä, elämään Hengessä, täyttymään hänellä ja pysyttelemään hänen ohjauksessaan. Tämä tarkoittaa – että voitelumme hetkestä lähtien – me elämme pyhyydessä ja pyhyyden kanssa samoin kuin elämme Hengen voimassa ja ilmennämme hänen voimaansa.

Hengen toinen tärkeä tehtävä on tuoda pyhyytensä elämäämme ja auttaa meitä elämään hänen pyhyydessään ja sen edellyttämässä puhtaudessa. Pyhyys kuvaa abstraktia tilaa tai olosuhdetta, johon astumme alkaessamme elää Pyhässä Hengessä. Puhtaus (kuten myös voima), on toisaalta tämän tilan käytännön seuraus – se on Hengen vaikutusta, joka nähdään käytöksessämme. Siksi siihen pitääkin kuulua sekä erottautuminen synnistä että erottautuminen Jumalalle.

Juuri Hengen avulla Jumala puhdistaa meidät synnin

Hengen puhtaus

saastasta ja antaa meille kyvyn vastustaa kiusausta ja toteuttaa hänen tahtonsa. Room. 8:9-16 osoittaa, että – kun me elämme Hengessä – me tulemme vähitellen enemmän hänen kaltaisekseen ja hän vahvistaa meitä kuolettamaan lihallisen mielemme teot. Lisäksi 2. Kor. 3:18 osoittaa, että juuri Hengen avulla me todellisuudessa muutumme Jumalan kuvan kaltaisiksi. Pyhä Henki siis saa aikaan pyhityksemme – hän muuttaa meidän moraalisen ja hengellisen luonteemme siten, että elämämme alkaa heijastaa sitä asemaa, joka meillä on Jumalan silmissä.

Puhtaus synnistä
Room. 3:9 opettaa, että uudestisyntymättömät ihmiset ovat synnin vallan alla, ja Room. 7:20-23 osoittaa, että syntiä on niissäkin, jotka ovat syntyneet uudesti. Vaikka jotkut ajattelevat Roomalaiskirjeen 7. luvun viittaavan uskomattomien kokemukseen, Paavalin kuvaus kamppailusta meissä asuvaa syntiä vastaan on yhtäpitävä jokaisen uskovan kokemuksen kanssa.

Synti on kapinaa Jumalaa vastaan – eli mitä tahansa omapäisyyttä sanoissa tai teoissa. Jesaja 61:8, Jeremia 44:4 ja Sananlaskut 6:16-19 osoittavat, että Jumala vihaa syntiä ja se tekee meistä saastaisia hänen silmissään. Raamatun mukaan synti on syyllisyyttä, joka täytyy antaa anteeksi tai poistaa, saastaa, joka täytyy pestä tai puhdistaa, sekä myös voima, joka täytyy murtaa.

Melkein kaikkia Pyhän Hengen toiminnan osa-alueita on ennakoitu tai esitelty Vanhassa testamentissa. Olemme nähneet, että Henki antoi profeetoille kyvyn puhua Jumalan sanoja voimalla ja arvovallalla, ja olemme myös maininneet kohtia, joissa hänet nähdään puhdistamassa Jumalan kansaa synnistä. Tästä on esimerkkejä muun muassa seuraavissa kohdissa:

- ◆ Jesaja 61:8 osoittaa, että Jumala vihaa syntiä
- ◆ Jesaja 4:4 ennakoi aikaa, jolloin Israel pestään ja

Hengen tunteminen

puhdistetaan "oikeuden hengellä, puhdistavalla hengellä"

- Sakarja 13:1 profetoi, että tulee päivä, jolloin on oleva "lähde" syntiä ja saastaisuutta vastaan
- Malakia 3:2 varoittaa, että Jumala on oleva kuin ahjon hehku ja hän puhdistaa lapsensa
- Hesekielin kohdassa 36:25-27 luvataan, että Jumala puhdistaa kaikesta saastaisuudesta ja laittaa Henkensä lastensa sisimpään.

Nämä jakeet auttavat meitä ymmärtämään, että synnillinen käytös todella tekee meidät likaisiksi Jumalan edessä. Jumala inhoaa sitä – aivan samalla tavoin kuin me inhoamme likaa paikassa, jossa sitä ei pitäisi olla. Samalla ne kuitenkin myös osoittavat, että Jumala on päättänyt antaa anteeksi synnillisen käytöksemme – ja lopettaa sen.

Kaikki Vanhan testamentin puhtautta koskevat lait ja rituaalit viittaavat Jumalan puhdistavaan työhön. Tämä nähdään vielä selvemmin Uuden testamentin pelastusta käsittelevistä kohdista, erityisesti seuraavista pesua ja puhdistamista kuvaavista kohdista: Joh. 13:10, 15:3, Apt. 22:16, 1. Kor. 6:11, 2. Kor. 7:1, Ef. 5:3-5, 25-27, 2. Tim. 2:20-22, Hepr. 9:11-14, 10:22 sekä 1. Joh. 1:7-9 ja 3:3.

Henki on Jumalan puhdistuksen välittäjä. Hänen avullaan me "synnymme uudesti". Hän antaa meille "uuden sydämen", jonka ansiosta meidän on mahdollista elää puhtaasti ja totella Jumalan käskyjä – mikä ei aikaisemmin ollut mahdollista. Hän muovaa meidän elämäämme ja luo meidät uudeksi. Hänen ansiostaan meidän on mahdollista vastaanottaa Kristuksen luonto – ja tulla yhä enemmän hänen kaltaisikseen maallisessa elämässämme.

Mitään tästä ei kuitenkaan tapahdu automaattisesti. Kun me vastaanotamme Hengen, me voimme ja saamme alkaa elää hänen voimassaan ja pyhyydessään, mutta meistä ei kuitenkaan tule kaikkivoipia tai täydellisiä itsessämme. Sen sijaan me alamme kulkea Hengen ohjauksessa ja annamme hänen vähitellen muuttaa meidät kuvansa kaltaisiksi.

Hengen puhtaus

Galatalaiskirjeen jae 5:17 osoittaa, että tie synnistä hengelliseen voimaan ja puhtauteen on pitkä ja vaikea taistelu, koska on olemassa jatkuva ristiriita oman käytöksemme ja sen välillä, mitä me olemme Kristuksessa, mutta vähitellen me edistymme hengellisessä kasvussamme.

Tämä johtuu siitä, että elämme eskatologisten jännitteiden ajassa, puolittain selvän "jo nyt" ja vielä työstettävän "ei vielä" välillä, koska Kristus on "alkanut" työnsä, mutta se ei "valmistu" ennen kuin Kristus tulee takaisin,

Tätä "nyt jo-ei vielä" jännitettä tutkitaan tarkemmin *Hengen miekka* -sarjan kolmannessa osassa, *Jumalan hallitusvalta*, mutta se on syynä Paavalin toistuviin ja sinnikkäisiin vetoomuksiin Roomalaiskirjeen jakeissa 6:12-23, että lukijat eivät antaisi itseään synnin käyttöön. Tässä nykyisessä pahassa ajassa pelastus odottaa vielä täyttymistään – se toteutuu vasta ruumiin ylösnousemuksessa tulevassa ajassa. Siksi synnin tekeminen on vielä täysin mahdollista kristityille. Kuitenkin, kuten Roomalaiskirjeen jakeessa 8:23 sanotaan, Pyhä Henki on meidän pelastuksemme "ensihedelmä" ja takuu – kun antaudumme hänelle, hän auttaa meitä heikkoudessamme ja me voimme elää puhdasta elämää Jumalan edessä.

Uskovan sisäinen taistelu

Meidän on syytä tunnustaa – ja selittää myös muille – että jokaisessa kristityssä asuu kaksi vastakkaistyyppistä halua. On haluja, jotka ilmentävät koko langenneen ihmiskunnan "omapäistä ja Jumalaa vastaan kapinoivaa luontoa". Sen vastapainona on haluja, jotka ilmentävät "yliluonnollista Jumalaa kunnioittavaa ja rakastavaa" luontoamme, jonka Henki on asettanut meihin uudestisyntymisessä.

Nämä vastakohdat tarkoittavat, että vaikka me "elämme pyhyydessä" edellä kuvatulla tavalla, me aina huomaamme, että sydämemme ei ole koskaan täysin puhdas. Jokin aina pidättää meitä. Esimerkiksi:

Hengen tunteminen

- Me emme koskaan ajattele tai tee mitään, mikä oli täydellisen oikein – vaikka pyrimmekin palvelemaan Jumalaa täydellisesti
- Jokin estää meitä ajattelemasta sitä, mitä haluamme ajatella
- Me tiedämme, että kaiken mitä me olemme tehneet, olisimme voineet ja meidän olisi pitänyt tehdä paremmin
- Huomaamme olevamme ylpeitä, heikkoja tai typeriä
- Huomaamme, että motiiveissamme ja toiminnassamme olisi parantamisen varaa
- Tavoittelemme täydellisyyttä, mutta emme koskaan oikein yllä siihen.

Tämä ei tarkoita, ettemme koskaan saavuttaisi minkäänlaista puhtautta synnistä. Päinvastoin, kristillinen elämä on jatkuvaa edistystä, ei täydellistä tappiota. Galatalaiskirjeen jakeessa 5:16 esitetty vetoomus "antakaa Hengen ohjata elämäänne, niin ette toteuta lihanne, oman itsekkään luontonne haluja" osoittaa, että kamppailumme synnin kanssa on todellista, mutta vaellus ja eläminen Hengen ohjauksessa auttaa meitä pääsemään eteenpäin ja vastustamaan langenneen minämme luonnollisia haluja, jotka kiusaavat meitä.

Lisäksi:

- Room. 7:6 opettaa, että meidät on vapautettu synnin orjuudesta, jotta me voimme harjoittaa rakkautta ja vanhurskautta Hengen uudessa elämässä
- Gal. 5:13–14, Room. 6:17–7:6 ja 1. Tess. 4:1–8 osoittavat, että meidän pitäisi tehdä voitavamme – mikä ilmentää elämämme pyhyyttä
- Room. 8:13 opettaa, että meidän pitäisi kuolettaa synnilliset tekomme Hengen avulla
- Room. 8:4 ja Gal. 5:16–25 osoittavat, että me voimme

Hengen puhtaus

ja meidän pitäisi vaeltaa Hengessä – tehden alati hyviä tekoja ja käyttäytyen jumalisesti, mikä ilmentää elämämme pyhyyttä.

Kun me vaellamme Hengen pyhyydessä, "totuuden Henki" antaa meidän jatkuvasti huomata, ettei mikään meidän elämässämme ole niin hyvin kuin sen pitäisi olla, että me emme ole taistelleet luonnollisia halujamme vastaan niin kiivaasti kuin olisimme voineet, että omapäisyyden piirre tahraa kaikkea, mitä me teemme Jumalalle, ja että jokin synnin saasta himmentää päivittäistä elämäämme.

Kaikki tämä tarkoittaa, että eläessämme "Pyhässä Hengessä" meidän täytyy jatkuvasti heittäytyä Jumalan armon, laupeuden ja anteeksiantamuksen varaan ja pyytää Henkeä jatkuvasti vahvistamaan meitä pysyäksemme voitolla sisäisessä kamppailussamme syntiä vastaan.

Kiitos Jumalalle, Henki vastaa pyyntöihimme – koska hän on omistautunut kirkastamaan Kristusta – ja tuo uskovien elämään vähitellen puhtautta ja voimaa synnin voittamiseen.

Voima muuttua tuo puhtautta

"Totuuden Henkenä" Pyhä Henki saa meidät tietoisiksi vioistamme ja puutteistamme ja kiinnittää huomiomme niihin moniin tapoihin, joilla me tuotamme pettymyksen Jumalalle. Hän tuo valoon pahat tapamme ja kehottaa meitä kiinnittämään huomiota sellaisiin tekstinkohtiin kuin 2. Korinttilaiskirjeen jae 7:1 ja puhdistautumaan ruumiin ja mielen saastasta.

Kaksi paholaisen suosimaa taktiikkaa on:

- ◆ Houkutella meitä tekemään sitä, mihin vain Jumala pystyy

- ◆ Harhauttaa meitä pyytämään Jumalan tekemään, mitä hän on käskenyt meidän tehdä itse.

Siksi on tärkeää oivaltaa, että Uuden testamentin puhtausopetuksessa on kaksi linjaa. Toisaalta Jumala itse

Hengen tunteminen

puhdistaa meidät Henkensä kautta, ja toisaalta hän odottaa meidän tekevän jotakin itse – myös Hengen kautta.

Room. 8:13-14 tekee selväksi, että "Hengen avulla" meidät on kutsuttu "kuolettamaan syntiset tekomme". Jumala ei tee sitä meidän puolestamme. Hän ei edes tee sitä meidän kauttamme. Sen sijaan hän antaa meille kyvyn tehdä sen itse – Hengen avulla. Tämän takia meidän pitäisi aina mennä eteenpäin Hengessä – vaeltaa aina hänen kanssaan ja hänessä – syvemmälle Jumalan valtakuntaan ja kehittää jumalisia tapoja kaikilla elämämme osa-alueilla. Vuosi vuodelta meistä pitäisi tulla hieman enemmän Kristuksen kaltaisia, kun me palvelemme häntä "uudella tavalla Hengen mukaan", kuten Roomalaiskirjeen jakeessa 7:6 todetaan.

Room. 6:17-7:6, Gal. 5:13 ja 1. Tess. 4:1-8 osoittavat, että puhtaus on Jumalan tahto kaikessa elämässämme. Mutta me voimme "kuolettaa syntiset tekomme" vain, koska me olemme saaneet Hengen, ja me voimme "vaeltaa Hengen mukaan", koska hän on tullut rinnallemme.

Me tunnemme joka päivä sekä Pyhän Hengen halut että oman lihallisen mielemme halut. Paholainen uskottelee meille, että me olemme ainoita, jotka käymme tätä taistoa, että muilla uskovilla ei ole lihallisia haluja, ja että heillä ei "kunnon kristittyinä" voikaan olla sellaisia haluja. Näissä paholaisen väitteissä ei ole mitään perää. Kaikki uskovat kaikissa sukupolvissa joutuvat kamppailemaan kovasti pysyäkseen Hengen johdatuksessa ja jättääkseen omat halunsa huomiotta.

Jotkut ajattelevat, että taistelu käy helpommaksi, kun he tulevat vanhemmiksi ja kypsemmiksi uskoviksi. Mutta aina elämämme loppuun asti me joudumme huutamaan Henkeä avuksi vahvistamaan päättäväisyyttämme pysytellä pyhyyden tiellä.

Pyhyyttä muuttumisen kautta

Hengellinen taistelu ei tapahdu omassa voimassamme. Kuten edellä nähtiin, Uudessa testamentissa on myös toisenlaista opetusta puhtaudesta. Monissa jakeissa käytetään

Hengen puhtaus

passiivirakennetta, joka todistaa, että meidät pes*tään*, puhdiste*taan* ja pyhite*tään*. Jumala toimii elämässämme Henkensä kautta tuoden puhtautta ja muovaten meitä kuvansa kaltaisiksi.

2. Korinttilaiskirjeen jakeessa 3:18 käytetään passiivirakennetta osoittamaan, että "kaikki me muutumme saman kirkkauden kaltaisiksi... ja sen saa aikaan Henki". Tämä kirkkaus on Kristuksen kuva. Kun me annamme Hengen ohjata elämäämme – kuten Paavali opastaa Galatalaiskirjeen jakeessa 5:16 – Henki muuttaa meitä siten, että me vähitellen heijastamme yhä enemmän Herran kirkkautta ja muutumme hänen kuvansa kaltaiseksi.

Tuskin missään on kuvattu tätä muuttumista paremmin kuin Galatalaiskirjeen jakeissa 5:22–24. Siinä on kielikuva todella Kristuksen kaltaisesta luonteesta, joka kehittyy yliluonnollisella tavalla niissä, jotka elävät jatkuvasti Hengessä. Hengen hedelmä ei ole luettelo erilaisista hedelmistä vaan mahdollisimman täydellinen kuvaus yhdestä hedelmästä – Kristuksen luonteesta. Aivan kuten tavalliset hedelmät kehittyvät luonnollisesti terveissä, kypsissä puissa, jotka kasvavat oikeissa oloissa, niin tämä hengen hedelmäkin kehittyy uskovissa, jotka elävät oikeassa paikassa – Pyhässä Hengessä.

Tämä muutos ei tapahdu yhtäkkiä. Se on hidas mutta pysyvä muutos, jonka Jumala saa aikaan niiden elämässä, jotka vaeltavat Hengessä. Jumala tekee tämän sekä siten, että Henki jatkuvasti paljastaa meille totuuksia, että myös silloin tällöin sattuvien kriisikokemusten avulla, jolloin me kohtaamme Hengen ja saamme kokea hänen vapauttaan.

Nämä kaksi puhtausopetuksen päälinjaa nivotaan yhteen Galatalaiskirjeen jakeissa 5:16-26. Meidän tehtävämme on vastustaa itsekkäitä lihallisia halujamme riippuvaisina Hengen voimasta. Jumalan ilmainen lahja Hengessä on muutos luonnossamme. Näiden kahden linjan on toimittava yhdessä. Ne, jotka keskittyvät liiaksi lihan ristiinnaulitsemisen, ovat vaarassa joutua lainalaisen

Hengen tunteminen

tilaan – keskittymällä pikemminkin yksityiskohtaisten sääntöjen noudattamisen kuin Kristuksen rakkauteen. Toisaalta ne, jotka ylikorostavat sitä että täytyy odottaa Hengen hedelmän kasvua, suhtautuvat helposti syntiin liian huolettomasti – he eivät ehkä täysin ymmärrä sitä, että Jumala inhoaa kaikentyyppistä pahaa.

Puhtautta todistamiseen
Edellä nähtiin, että Hengen tärkein palvelustehtävä on kirkastaa Jeesusta. Hänen tehtävänään on kiinnittää maailman huomio Jeesukseen, vakuuttaa uskomattomat synnistä, vanhurskaudesta ja tuomiosta sekä vetää syntisiä ihmisiä Jumalan rakkauden ja armon piiriin. Samoin kuin Hengen voiman päätehtävä on vahvistaa ihmisille totuus Jeesuksesta, hänen puhtautensa päätarkoitus on osoittaa ihmisille Jeesuksen todellinen luonto.

Meidät on kutsuttu olemaan puhtaita ja meille on annettu Hengen puhtauden lahja, jotta uskomattomat ympärillämme näkisivät Jeesuksen ja tulisivat vedetyksi hänen luokseen. Nykyään on kuitenkin liian usein kuilu sen välillä, mitä me kristityt sanomme ja mitä me teemme, ja maailma pitää sitä tekopyhyytenä. Tuskin mikään saa ihmiset niin nopeasti kääntämään selkänsä Jumalalle kuin synnilliset uskovat – erityisesti jos he väittävät olevansa parempia kuin ovat. Ja tuskin mikään vetää ihmisiä paremmin Jeesuksen luokse kuin tavallinen elämä, joka säteilee Jumalan rakkautta ja ilmentää Kristuksen luonnetta.

Voiman tavoin puhtauskin on tarkoitettu todistamiseen. Henki ei puhdista meitä meidän itsemme takia vaan Kristuksen takia – ja myös maailman takia. Maailman vakuuttaminen synnin ja vanhurskauden todellisuudesta on keskeinen asia Hengen palvelutehtävässä. Hän on "todistaja" ja hän kutsuu meitä lisäämään oman todistuksemme hänen todistuksensa, jotta maailma uskoisi Jeesukseen.

Elämämme täytyy kantaa hedelmää, jotta todistuksemme olisi tehokas. Elämäntapamme on oleellinen osa Hengen

Hengen puhtaus

tehtävää vakuuttaa ihmisiä synnistä ja vahvistaa heille totuus Jeesuksesta. Mutta meidän puhtautemme – päättäväinen omistautumisemme Jeesukselle – täytyy toimia yhdessä Hengen täyden voiman kanssa.

Me emme voi valita voiman ja puhtauden välillä. Meillä on joko kumpikin tai ei kumpaakaan – ei jompaakumpaa! Jotkut kristityt näyttävät toki keskittyvän pelkästään joko voimaan tai puhtauteen, mutta siinä piilee suuri vaara. Liiallinen keskittyminen voimaan voi johtaa noita Simonin henkeen, kun taas puhtauden ylikorostus voi johtaa ilottomaan lainalaiseen tilaan, kuten fariseuksilla.

Matteus 23:23 ja Luukas 18:9–14 kertovat, että Jeesus tuomitsi fariseukset, koska heidän asenteensa Jumalaan ei ollut oikea. Fariseukset olivat alkujaan ryhmä, jota loukkasi heidän kulttuurinsa pakanallisuus ja moraalittomuus. He halusivat palata takaisin puhtauden ja moraalin jumalisiin arvoihin. Mutta alun pyhyys – eli omistautuminen Jumalalle – rappeutui lakihenkisyydeksi ja tekopyhyydeksi. He olivat keskittyneet puhtauteen ja unohtaneet Jumalan voiman. He keskittyivät sääntöihin eivätkä tunteneet Jumalan mieltä. Näin heistä tuli tuomitsevia ja omavanhurskaita.

Tätä meidän on varottava nykyäänkin. Se ei ole ainoastaan vastenmielistä Jumalalle, kuten Jeesus todisti fariseusten kohdalla, se itse asiassa karkottaa ihmiset. Jeesus puhui usein aikansa hengellisten johtajien lakihenkisyyttä vastaan, mutta kuten Markus 12:37 osoittaa, "tavallinen kansa" kuunteli häntä mielellään. Pyhä Henki näyttää olevan tuomassa uutta pyhyyden aaltoa seurakuntaan, mutta Saatana tekee kaikkensa turmellakseen sen moralismilla ja lakihenkisyydellä.

Monet kristityt eivät ikävä kyllä ole ymmärtäneet tarvetta olla vapaita laista – ja siitä syystä jotkut elävät eräänlaisella hämärän vyöhykkeellä, jossakin lain ja armon välimaastossa, mutta hyötymättä kummastakaan. Me emme kuitenkaan voin täysin ymmärtää Jumalan armon ja laupeuden siunausta ennen kuin näemme itsemme lain taustaa vasten. Vasta kun me näemme, kuinka voimakkaasti laki on orjuuttanut ja

Hengen tunteminen

tuominnut meitä, voimme ymmärtää, kuinka täydellisesti Jumalan armo on vapauttanut meidät ja kuinka auliisti meille on annettu anteeksi.

Siksi meidän tulee varmistaa, että me emme Galatian seurakuntien tavoin vajoa lakihenkisyyteen. Ainoa keino välttää lakihenkisyyttä on antautua Hengelle ja vaalia elävää suhdetta hänen kanssaan – sillä kuten Galatalaiskirjeen jakeessa 5:18 todetaan, jos me olemme Hengen johdatuksessa, me emme ole lain alla. (Huom. Lainalaisuutta käsitellään tarkemmin *Hengen miekka* -kirjasarjan osassa 11, *Pelastus armosta*.)

Meidän pitää siis jollakin keinoin vaalia tasapainoa voiman ja puhtauden välillä omassa elämässämme ja seurakunnissa; paras tapa on omaksua ne henkilökohtaisesti niin täydellisesti kuin mahdollista ja opettaa sitten muita tekemään samoin.

Osa 7

Suorituskyky ja Henki

Olemme jo nähneet, että Pyhä Henki on voimakas – hän on Jumalan toimiva voima, pyhä pyörremyrsky, jota emme voi hallita tai ennakoida. Me tiedämme, että kun meillä on hänen voitelunsa ja elämme hänessä, hän vapauttaa ja ilmentää voimaansa meidän kauttamme omalla tavallaan ja aikataulullaan. Ei ole kyse siitä, että meistä itsestämme tulisi voimakkaita, vaan me elämme paikassa, jossa voima esiintyy.

Olemme myös nähneet, että Henki on ennen kaikkea pyhä – hän on omistautunut Jumalalle ja täysin sitoutunut kirkastamaan Jeesusta. Me tiedämme, että kun olemme täyttyneet hänellä ja elämme hänen ohjauksessaan, hän vapauttaa ja ilmentää pyhyytensä hedelmät meissä omalla tavallaan. Kyse ei ole siitä, että meistä tulee puhtaita, vaan me elämme paikassa, jossa puhtaus esiintyy.

Tämä ei tarkoita, ettei meillä olisi vastuita. Meidän tehtävämme on kuin viisaalla maanviljelijällä. Hän tietää, ettei hän voi hallita säätä tai muuttaa maaperää. Se ei kuitenkaan tarkoita, ettei hän voisi tehdä mitään. Jos hän haluaa hyvän sadon, hän kylvää siemenet paikkaan, jossa maaperä on hedelmällistä ja sää on suotuisa. Sitten hän kitkee rikkaruohot ja torjuu tarvittaessa tuholaisia. Samoin mekin tiedämme, että me emme voi tehdä itsestämme voimakkaita, puhtaita tai yleensäkään minkään arvoisia. Jos me haluamme kirkastaa Jumalaa ja olla osallisia hänen hyvyydestään, asetumme ja kylvämme elämämme suotuisimpaan paikkaan – Henkeen. Ja sen jälkeen mekin varmistamme, että torjumme "rikkaruohot" ja "tuholaiset", kun ne yrittävät tukahduttaa ja heikentää meitä.

Vaikka täsmälleen samat hengelliset periaatteet koskevat kaikkia Hengen luonnon ja toiminnan osa-alueita, jotkut eivät

Hengen tunteminen

sovella näitä periaatteita armolahjojen tärkeään alueeseen. He puhuvat armolahjoista ikään kuin he omistaisivat ne, käyttäisivät niitä, ohjaisivat ja hallitsisivat niitä. On aina väärin sanoa, että me "käytämme" armolahjoja, sillä Jumala käyttää meitä ilmentääkseen lahjojaan. Lahjat eivät ole kyky tehdä jotakin vaan Hengen toimintaa meidän kauttamme. Ne ovat Hengen energiaa, ei uskovan toimintaa.

Jotkut ajattelevat, että jokaiselle uskovalle annetaan armolahja ja siitä tulee hänen erityistä omaisuuttaan. On laadittu kyselylomakkeita, joilla yritetään auttaa uskovia löytämään "oman" lahjansa. Kuitenkin kreikan kielen verbi *didomi* eli "antaa" 1. Korinttilaiskirjeen jakeessa 12:7 on sellaisessa muodossa (preesensin kestomuoto), joka osoittaa, että Hengen lahjojen antaminen uskoville on jatkuvaa eikä kertaluontoista toimintaa.

Lisäksi *didomi* on vieläpä passiivimuodossa, mikä osoittaa, että kukin uskova vastaanottaa annetun lahjan jatkuvasti ulkopuolisesta lähteestä – Pyhältä Hengeltä. Siksi jonkin armolahjan toimiessa uskova ei ole kaivanut sitä esiin omista varastoistaan vaan vain välittänyt eteenpäin sitä, mitä hän on juuri sillä hetkellä saanut Hengeltä. Tässä valossa eri armolahjojen käyttö noudattaa täsmälleen samaa periaatetta kuin voiman osoitus ja puhtauden kehittyminen. Lahjat ovat ilmausta Hengen luonnosta ja me opimme tuntemaan ne, kun olemme Hengessä.

Jesaja 11:2 on selvin kuvaus Hengen luonteesta Vanhassa testamentissa, ja juuri tämä Hengen luonteen piirre ilmenee Uuden testamentin kuvaamissa armolahjoissa. Jesajan kirjan jakeessa 11:2 luetellaan seitsemän Hengen ominaisuutta, joiden sovellusta kuvataan jakeissa 11:3–5 ja lopputulosta jakeissa 11:6–10. Nämä omaisuudet eivät ole silloin tällöin annettavia lahjoja vaan Hengen olemuksen peruspiirteitä, jotka luonnostaan virtaavat ulos ja muovaavat niitä ihmisiä, jotka elävät Hengessä.

Meidän ei tarvitse ponnistella, rukoilla tai odottaa näitä ominaisuuksia. Jos me olemme saaneet Hengen, me ilmennämme niitä luonnostamme.

Suorituskyky ja Henki

Herran – *Yahweh* – henki
Tässä on taas osoitus siitä, minkä me jo tiedämme, että Henki on jumalallinen. Kaikki tekstissä luetellut ominaisuudet ovat jumalallisen luonteen piirteitä. Jos me elämme Hengessä, kaikki mitä me saamme tulee Herralta.

Viisauden tai taidon – *chokmah* – Henki
Tämä on Jumalalta tulevaa viisautta, jota on kuvattu esimerkiksi kohdissa 2. Moos. 28:3, 36:1, 5. Moos. 34:9, 1. Kun. 4:29 sekä Sananlaskut 2:6, 3:19, 7:4 ja 8:1–9:12. Viisaus ei ole tosiasioiden tietämistä, se on taitoa soveltaa tosiasioita parhaalla mahdollisella tavalla.

Ymmärryksen tai älyn – *biynah* – Henki
Tämä liittyy viisauteen, jota on kuvattu kohdissa 5. Moos. 4:6, 1. Aik. 22:12, Sananlaskut 4:5, 7, 7:4 ja Daniel 1:20. Hän on älykäs Henki ja meidän on hyvä luottaa hänen ymmärrykseensä enemmän kuin omaamme.

Taidon tai neuvokkuuden – *'etsah* – Henki
Tässä on kyse ohjauksesta tai opastuksesta. Nykyään kutsumme sitä kehotukseksi. Sitä on kuvattu kohdissa Psalmi 73:24, Sananlaskut 8:14, 19:20–21, Jesaja 5:19, Jeremia 32:19 ja 50:45. Hän on Henki, joka neuvoo meille, mitä sanoa, miten puhua, milloin toimia, jne.

Voiman tai arvovallan – *gebuwrah* – Henki
Tässä on kyse Jumalan arvovallasta, joka on Hengen kaikkien sanojen ja tekojen takana. Jos puhumme hänen sanojansa hänen tavallaan, niillä on hänen arvovaltansa. Sanat, jotka me tuomme esiin pelolla, vavistuksella ja pyhällä arkuudella, vaikuttavat siten kuin sokaiseva valo tai paahtava kuumuus: ne tunkeutuvat syvälle ja saavat aikaan pysyvän vaikutuksen. Ihmiset mainitsivat jatkuvasti Jeesuksen arvovallasta, joka ei ollut "kuten kirjanoppineilla tai fariseuksilla". Tämä johtui hänen voitelustaan *gebuwrah*-Hengellä. Psalmin

Hengen tunteminen

jakeessa 71:16 käytetään sanaa *gebuwrah* Jumalan sanojen julistamisesta.

Totuuden tuntemisen – *da'ath* – Henki
Henki ei ole vain viisas ja älykäs. Hän ei vain anna hyviä neuvoja. Henki on kaikkitietävä Jumala, jolta mikään ei ole salattua. Hän tietää kaikki tosiasiat. Hän tietää kaiken.

Herran pelon tai kunnioituksen Henki – *Yahweh yirah* – Henki
Vaikka Henki on Jumala, hän on myös kolminaisuuden yksi jäsen. Siinä ominaisuudessa hän kunnioittaa *Yahweha*. Kaikki, mitä hän tekee, on suunniteltu tuomaan kunnioitusta *Yahwehlle*. Kaikki hänen ominaisuuksiensa ilmaukset tulevat Jumalalta ja niiden tarkoitus on lisätä kunnioitusta Jumalaa kohtaan. Tämä periaate on mukana kaikkialla Raamatussa.

Jos meillä on Hengen voitelu ja elämme Hengessä, me voimme odottaa näiden Vanhassa testamentissa kuvattujen ominaisuuksien ilmenevän meissä, meidän kauttamme ja meidän ympärillämme. Niihin ei pitäisi liittää sellaista hohdetta, joka saisi meidät ajattelemaan, että niitä voidaan kokea vain harvoin. Itse asiassa ne ovat jokaisen uskovan "esikoisoikeus" sekä tulos meidän yliluonnollisesta ympäristöstämme Hengessä.

Armolahjojen toiminta
1. Kor. 12:1–10 on Raamatun tunnetuin armolahjoja käsittelevä teksti – kreikankielen sana *charisma* tarkoittaa "armon lahjoja". Jotkut uskovat kuitenkin keskittyvät niin voimakkaasti jakeissa 8–10 lueteltuun yhdeksään armolahjaan, että he eivät huomaa tässä kohdassa opetettuja laajempia totuuksia.

Tämä kohta osoittaa, että:

- ◆ *Charismata* on monia, mutta ne kaikki tulevat samalta Hengeltä

- ◆ Palvelustehtäviä on monia, mutta ne kaikki tulevat samalta Herralta

Suorituskyky ja Henki

- Toimintoja on monia, mutta kaikissa toimii sama Jumala
- *Charisma* on Hengen ilmentymä
- *Charismata* annetaan kaikille
- *Charismata* on tarkoitettu kaikkien hyödyksi
- Yksi ja sama Henki saa aikaan kaikki *charismata*
- Henki jakaa *charismata* tahtonsa mukaan.

Kovin monilla kristityillä on virheellinen asenne Pyhään Henkeen, joten he estävät aktiivisesti hänen jumalallisten ominaisuuksiensa ilmenemistä. 1. Kor. 14:40 voidaan kääntää myös "antakaa niiden tapahtua" tai "antakaa niiden toteutua" tavanomaisen käännöksen "on tapahduttava" sijaan. Me emme luo tai esitä armolahjoja. Me vain teemme tilaa, jotta Henki voi antaa niitä.

Me olemme kanavia Hengen ominaisuuksille, emme säiliöitä niiden säilyttämistä varten. Me olemme pesusieniä Hengen kastealtaassa, emme kahvikuppeja, joihin täytyy silloin tällöin kaataa lisää. Meillä on tarvittaessa avoin pääsy kaikkiin *charismata*, koska meillä on niiden lähde – tai paremminkin hänellä on meidät.

1. Kor. 12:8-10 erittelee yhdeksän armolahjaa. Nämä eivät ole jotakin ulkoista, jota Henki ojentaa meille. Ne ovat hänen ilmentymiään – ne ovat hänen luonteensa piirteitä – ne ovat osa hänen luontoaan, ja siksi ne ohjaavat seurakuntaa Kristusta kohti. Nämä armolahjat ovat:

- Viisauden sanat – yliluonnollinen kyky soveltaa ilmestystä tai ymmärtää, miten selvittää jokin tilanne tai auttaa siinä. Me emme opi tätä kokemuksen tai koulutuksen kautta vaan näkemällä väläyksen Hengen viisaudesta.

- Tiedon sanat – yliluonnollinen paljastus henkilöstä tai tilanteesta. Me emme saa tätä tietoomme luonnollisen mielemme kautta vaan pääsemme näkemään hitusen Hengen tiedosta.

Hengen tunteminen

◆ Parantamisen lahja – yliluonnollinen kyky tietää kenet, miten ja milloin Jumala haluaa parantaa Jumalan kunniaksi. Tämä ei ole meillä pysyvä kyky vaan jotain, johon pääsemme mukaan, kun elämme hänen yhteydessään.

◆ Uskon lahja – Hengeltä johonkin tilanteeseen saatu yliluonnollinen luottamus Jumalan kykyyn tehdä jotakin näennäisesti mahdotonta tahtonsa mukaan.

◆ Ihmetekojen lahja – Hengen aiheuttamaa yliluonnollisten voimien toimintaa uskovan kautta, kun Jumala päättää puuttua asioiden normaaliin kulkuun yliluonnollisella tavalla.

◆ Profetian lahja – Hengen kautta yliluonnollisella tavalla saatu Jumalan sanoma jotakin ihmistä tai ihmisryhmää varten.

◆ Henkien erottamisen lahja – Hengeltä saatu yliluonnollinen oivallus, jolla kykenemme erottamaan sanojen, tekojen, olosuhteiden tai henkilöiden takana toimivan hengen ja jolla Jumalan profeetallisen sanoman ydin voidaan erottaa sen mukana tulevasta ihmismielen tuottamasta kuonasta.

◆ Kielilläpuhumisen lahja – Hengen antamia sanoja rukoilla Jumalaa kielellä, jota emme ole opiskelleet. Se vapauttaa meidät rukoilemaan hengessämme eikä mielessämme.

◆ Kielten selittämisen lahja – Hengen yliluonnollinen ilmoitus kielillä rukoillun asian ytimestä.

Nämä Jumalan hengelliset armolahjat ovat tärkeitä työkaluja, jotka auttavat meitä kirkastamaan Kristusta maailmassa. Ne ovat Hengen yliluonnollisia voimavaikutuksia, jotka hän tuo kaikkien hänessä elävien uskovien ulottuville Jumalan valtakunnan edistämiseksi. Mutta ne ovat armolahjoja, eivät palkkioita. Ne eivät todista muusta

Suorituskyky ja Henki

kuin Jumalan armollisuudesta ja Hengen todellisuudesta ja luonteesta.

1. Korinttilaiskirjeen 12. luvussa luetellut yhdeksän *charismata* ovat esimerkkejä mutta eivät kattava luettelo Hengen ilmentymistä. Meidän on myös syytä pitää mielessä seuraavat asiat:

- On olemassa muitakin tunnettuja *charismata*, joita on kuvattu kohdissa Room. 12:6–8 ja Ef. 4:8–11

- On myös vähemmän tunnettuja *charismata*, jotka mainitaan kohdissa 1. Kor. 1:7, 7:7, 13:3, 1. Tim. 4:14, 2. Tim. 1:6 ja 1. Piet. 4:9–10

- Sanaa *charisma* käytetään kuvaamaan Jumalan toimintaa Roomalaiskirjeen kohdissa 5:15–16, 6:23 ja 11:29

- On olemassa selviä lahjoja – kuten ylistyksen johtaminen – joita ei ole mainittu missään Uudessa testamentissa.

Monet näistä lahjoista ovat yliluonnollisia parannuksia luonnollisiin kykyihimme, mutta 1. Korinttilaiskirjeen 12. luvussa mainitut lahjat ovat täysin uusia. Joka tapauksessa niiden avulla Henki antaa meille kyvyn tehdä jotakin kaunista ja merkittävää Jumalan kunniaksi.

Henki valitsee millä tavalla hän ilmentää ominaisuuksiaan kussakin uskovassa. Room. 12:3, Hepr. 2:4 ja 1. Kor. 12:11 kuvaavat Jumalan ehdotonta valtaa. 1. Kor. 12:31, 14:1 ja 14:12 osoittavat kuitenkin, että meillä pitää olla halua olla Jumalan käytössä sekä valmiutta ja halua rakentaa muita. Tässä on kyse kumppanuudesta. Meidän tulee "kylvää elämämme" oikeaan paikkaan eli Henkeen ja kitkeä ja poistaa tuholaisia tarvittaessa, mutta meidän tulee myös aina pysyä riippuvaisina hänen lämmöstään, elävästä vedestään ja voimastaan.

Armolahjat eivät ole ainoita asioita Hengen toiminnassa. Suorittaminen ei ole keskeisin asia elämässä Hengessä. Vaikka jollakin ihmisellä tai seurakunnalla olisi suuri määrä

Hengen tunteminen

armolahjoja, se ei merkitse hengellistä kypsyyttä tai hedelmällisyyttä. Matteus 7:21–23 osoittaa, että ne eivät todista Jumalan suosiota tai ole takeita meidän pelastuksestamme tai palkkiostamme. Ensimmäisessä kirjeessään Korintin seurakunnalle Paavali kehuu heidän armolahjojaan mutta moittii heidän kypsymättömyyttään, synnillisyyttään ja rakkaudettomuuttaan. Hengen seurakuntaa koskeva tavoite on vääristynyt, jos siellä on lahjoja ilman armoa, *charismata* ilman luonnetta, hengellistä suorittamista ilman Hengen läsnäoloa.

Totta kai Henki haluaa meidän käyttävän hänen lahjojaan hyvin – siksi hän niitä antaakin. Hän tahtoo meidän kuitenkin käyttävän niitä hänen tavallaan ja hänen kehotuksestaan – jolloin pääpainon tulee olla Kristuksen kirkastamisessa. Meidän tulee pitää kuuliaisuutta tärkeämpänä kuin suorittamista ja elämää Hengessä tärkeämpänä kuin hengellisiä esityksiä.

Kristuksen ruumiin palvelutehtävät
Aivan viime aikoihin asti seurakunta on ajatellut, että vain muutamat kristityt on varustettu palvelutyöhön. Kokopäiväistä miespuolista papistoa ja vain muutamia muita pidettiin ainoina uskovina, joiden Jumala halusi osallistuvan ihmisten auttamiseen, opettamiseen ja evankeliointiin. Tämä johtui ainakin osittain aikanaan Kuningas Jaakon käännökseen pyhät-sanan jälkeen pujahtaneesta pilkusta kohdassa Ef. 4:12 – mistä sai itse asiassa täysin päinvastaisen vaikutelman kuin Paavalin alkuperäisestä ajatuksesta, että apostolien, profeettojen, evankelistojen, pastorien ja opettajien tehtävä oli valmistaa Jumalan kansaa palvelustyöhön.

Viime vuosina Totuuden Henki on kuitenkin käyttänyt tarkempia raamatunkäännöksiä palauttaakseen seurakuntaan Efesolaiskirjeen jakeiden 4:11–12 oikean merkityksen – että jokaisella Kristuksen ruumiin jäsenellä on tärkeä palvelustehtävä ja että seurakunnan johtajien perustehtävä on varustaa pyhät palvelustehtävään eikä niinkään tehdä sitä heidän puolestaan. Tässä ilmenee keskeinen totuus, että koko

Suorituskyky ja Henki

Kristuksen ruumis on kutsuttu työhön eli palvelustehtävään ja hengelliset johtajat on kutsuttu varustamaan ruumiin jäsenet tähän tehtävään. Mutta kaikessa tässä nimenomaan Henki antaa lahjoja ja varustaa ja voimauttaa jokaisen Kristuksen ruumiin jäsenen suorittamaan tätä palvelustehtävää Hengen valitsemalla tavalla.

Meidän on syytä huomata, että jotkut ihmiset on kutsuttu erityisellä tavalla toimimaan saarnaajina ja opettajina, unohtamatta kuitenkaan, että johtajien ja saarnaajien pitäisi motivoida, kouluttaa ja vapauttaa pyhät palvelustehtävään Kristuksen ruumiissa. Tästä jokaisen uskovan kutsumuksesta Kristuksen työhön puhutaan tarkemmin *Hengen miekka* -kirjasarjan viidennessä osassa, *Jumalan kirkkaus seurakunnassa*.

On myös syytä korostaa, että Henki antaa usein uskoville lahjoja, jotka eivät millään tavalla perustu tai liity hänen kykyihinsä ennen kääntymystä. Toisaalta on myös syytä huomata, että monet lahjat – kuten opettaminen – ovat usein meidän luontaisia kykyjämme, joita Henki tehostaa.

Hengellä on tehtävä jokaiselle uskovalle. Hän tahtoo meidän kaikkien osallistuvan palvelustehtävään. Hän haluaa meidän kaikkien välittävän Jumalan sanaa ja rakkautta muille. Hengen palvelustehtävän ytimenä on kuitenkin tuoda Jeesusta esiin ja tehdä häntä tunnetuksi tuoden näin kunniaa Jumalalle ja täyttäen meidän elämämme hänen puhtaudellaan ja voimallaan.

Hengen lahjat ja Kristuksen ruumiin toiminta ovat keinoja tärkeämmän päämäärän saavuttamiseen, eivät saavutettavia tavoitteita. Ne ovat seurausta Hengen toiminnasta, eivät sen ydin. Henki haluaa aivan varmasti käyttää näitä asioita tuomaan esiin Jeesusta. Mutta hän haluaa meidän myös oivaltavan hänen tarkoituksensa ja osallistumaan hänen tavoitteeseensa – jotta emme harhautuisi sivuraiteille ja kiinnittäisi tarpeetonta huomiota rakenteisiin ja yksityiskohtiin.

Hengen tunteminen

Kristillinen toiminta

Noin viimeisen kolmenkymmenen vuoden aikana kristillinen toiminta on lisääntynyt hurjasti – Pyhä Henki on innoittanut seurakuntia tavoittamaan alueensa ihmisiä ja osoittamaan heille huolenpitoa monin eri tavoin. Monia toimintoja on aloitettu vanhusten ja nuorten äitien parissa. On käynnistetty ohjelmia työttömien, vammaisten, kotiin sidottujen ja kodittomien auttamiseksi. On perustettu uusia yhdistyksiä ja uraa uurtavia taideyhteisöjä. Monet seurakunnat ovat myös rukoillen kehittäneet jumalanpalvelustaan luovempaan ja nykyaikaisempaan suuntaan. Lisäksi on korostettu entistä enemmän toimintaa "teillä ja aitovierillä". Henki auttaa meitä ymmärtämään, että Kristus ei halua mobilisoida ruumiinsa jäseniä vain "seurakuntatyöhön" vaan viemään seurakunnan työtä maailmaan Pyhän Hengen voimalla.

Useimmat näistä toiminnoista ovat syntyneet Hengen aloitteesta – hän on Jumalan muutosagentti. Melkein kaikkien taustalla on ollut pyhä tavoite osoittaa Kristuksen rakkautta ja voimaa rikkinäiselle maailmalle. Saatana yrittää kuitenkin turmella ja harhauttaa näissä hankkeissa mukana olevat uskovat. Hän houkuttelee meitä tekemään niistä itsetarkoituksen, jolloin me esimerkiksi huolehdimme enemmän toiminnan pyörittämisestä kuin Jumalan miellyttämisestä.

Toiminnan korostamisessa – oli sitten kyse armolahjoista, palvelustehtävästä tai muusta toiminnasta – on aina se ongelma, että Jumalaa kiinnostaa aina enemmän sisäinen kuin ulkoinen, enemmän etiikka kuin toiminta, enemmän motiivit kuin teot. Ratkaisevaa on se, että olemme Jeesuksen kaltaisia. Sellaiset tekstikohdat kuin Fil. 2:1–11 ja Room. 12:1–3 muistuttavat meille, että kuuliaisuus Jumalalle ja toistemme huomioon ottaminen ovat elintärkeitä.

Kuten seuraavat Paavalin rukoukset osoittavat, hän esirukoustensa tavoite oli aina, että Jumalan kansa täyttyisi tiedolla, voimalla ja moitteettomalla puhtaudella – ei se, että Henki antaisi heille kyvyn suorittaa hämmästyttäviä urotekoja:

Suorituskyky ja Henki

2. Kor. 13:9, Ef. 1:17-18, 3:14-19, Fil. 1:9-11, Kol. 1:9-11, 1. Tess. 3:12-13, 2. Tess. 1:11-12 sekä Filem. 6.

Meillä on usein hirveä kiusaus mitata Hengen työtä meissä niiden toimintojen määrällä, joissa olemme mukana, tai niiden suorittamiseen liittyvien taitojemme tai menestyksemme perusteella. Todellisuudessa ainoa hyväksyttävä mittapuu on se, missä määrin me olemme antaneet Hengen hedelmän kehittyä. Kaikki aidosti Hengen innoittama toiminta on nöyrää Jumalan palvelemista. Sen ainoa merkitys piilee siinä, miten me ilmaisemme hänen *hagiasmos* – hänen pyhyyttään tai omistautumistaan. Meidän ei pidä koskaan ajatella tai antaa ymmärtää, että dramaattinen tai näyttävä julkinen toiminta olisi tärkeämpää kuin vähäisemmät ja yksityisemmät toimet.

Me olemme tuomittuja kokemaan hengellisen pettymyksen, ellemme ymmärrä täysin, että Henki on keskittynyt auttamaan meitä tuntemaan Jeesus paremmin ja tekemään hänet paremmin tunnetuksi muille. Meidän on syytä kysyä itseltämme, olemmeko todella Hengen johdossa, jos keskitymme mihin tahansa muuhun.

Osa 8

Hengen läsnäolo

Edellä nähtiin, että kun meidät on voideltu, täytetty ja kastettu Hengellä, me alamme elää Pyhässä Hengessä. Hengen vastaanottaminen ei ole meille itsetarkoitus vaan uuden Pyhän Hengen kanssa ja Hengessä eletyn elämän alku.

Olemme myös nähneet, että kun pysyttelemme oikeassa paikassa – eli Pyhän Hengen kastealtaassa – hänen luontonsa ja luonteensa piirteet alkavat näkyä meissä ja me alamme muotoutua hänen kaltaisikseen. Me alamme kokea ja ilmentää Hengen voimaa. Me pääsemme osallisiksi hänen pyhyydestään ja alamme elää hänen puhtaudessaan. Hänen luonteensa eri piirteet hänen viisautensa, tietonsa, uskonsa ja valtansa paljastuvat meille hänen armolahjojensa kautta.

Hänen voimansa, pyhyytensä ja ominaisuuksiensa kokeminen ja ilmentäminen ei kuitenkaan ole itsetarkoitus. Me emme koe hänen voimaansa tullaksemme voimakkaiksi, hänen pyhyyttään tullaksemme puhtaiksi tai hänen ominaisuuksiaan saadaksemme lahjoja. Me vain tunnemme nämä asiat, koska me olemme hänen seurassaan, ja niiden tarkoitus on auttaa meitä tuntemaan Jeesus paremmin ja tuoda häntä paremmin esiin muille. Mikä tahansa muu käsitys tai tulkinta halventaisi Hengen luontoa ja tehtävää.

On hienoa, että Henki vapauttaa Jumalan voiman elämäämme. On upeaa että hän muuttaa meidät Jumalan puhtaudella. On ihmeellistä, että saamme vastaanottaa jotain hänen luonnostaan armolahjojen muodossa. Mutta nämä kolme kokemusta ovat pelkästään merkkejä tai todisteita paljon tärkeämmästä Hengen työstä. Kun olemme vastaanottaneet hänet ja alamme elää hänessä ja kulkea hänen ohjauksessaan,

Hengen tunteminen

hän tuo Jumalan konkreettisen läsnäolon meidän omaan ja yhteisölliseen elämäämme.

Jumalan läsnäolon välittäminen
Kristuksen läsnäolon tuominen tai välittäminen seurakunnalle on Hengen toiminnan olennaisin osa, ydin tai keskipiste. Se on perustehtävä, johon meidän täytyy liittää Hengen toiminta – eli uskovien voimauttaminen, puhdistaminen ja varustaminen – ymmärtääksemme sen oikein. Hengen jumalallinen perustarkoitus – jossa yhdistyvät kaikki hänen työnsä piirteet – on tehdä ylösnousseen Herramme eli historian Jeesuksen ja taivaan Jeesuksen läsnäolo tunnetuksi seurakunnassa ja yksilöuskoville.

Kun me kuljemme Pyhän Hengen ohjauksessa, kun koemme Jeesuksen läsnäoloa Hengen välityksellä, meillä on Jeesuksen ylösnousemusvoima, Jeesuksen pyhä puhtaus, Jeesuksen jumalallinen luonne ja armoitus. Helluntaista lähtien Henki on ollut uskovien kanssa ja muuttanut heitä ilmentääkseen Jumalaa selvemmin ja auttaen heitä itseään muuttumaan ja siten ilmentämään Jumalaa selvemmin – jotta Kristus tulisi paremmin tunnetuksi ja ylistetyksi.

Me tiedämme, että kaikilla Hengen työn piirteillä on esikuvansa Vanhassa testamentissa. Sellaiset kohdat kuin Psalmi 139:1–18, Jeremia 23:23–24 ja Aamos 9:2–5 kuvaavat Jumalan yleismaailmallista läsnäoloa – sitä tärkeää seikkaa, että hän on kaikkialla ja me emme voi paeta hänen edestään. Mutta siellä on myös useita esimerkkejä siitä, kuinka Jumala on ihmisen kanssa siunatakseen häntä erityisellä tavalla.

1. Moos. 39:2, 2. Moos. 3:12, 33:14–16, 5. Moos. 31:6–8, Joosua 1:5, 9 ja Jesaja 43:2–5 kuvaavat kaikki sitä, miten Jumala oli – tai lupasi olla – joidenkin erityisten ihmisen kanssa tavalla, joka antoi heille rohkeutta ja voimaa. Tämä esikuva toteutui Jeesuksessa – jota kuvataan Matteuksen evankeliumin jakeessa 1:23 nimellä Immanuel eli "Jumala on meidän kanssamme", kuten Jesajan kirjan jakeissa 7:11–16 ennustettiin.

Hengen läsnäolo

Kuvattuaan kaikkialla evankeliumissaan Jeesuksen voimaa ja vanhurskautta Matteus palaa jakeessa 28:20 ajatukseen, että Jeesus on Immanuel eli "Jumala kanssamme". Koko Raamattu todistaa, että Jeesus on "Jumala kanssamme". Hänen läsnäolonsa on Jumalan läsnäoloa. Jeesus kuitenkin lähti pois pian tämän Matteuksen evankeliumiin (28:20) kirjatun lupauksensa jälkeen, eikä ole taivaaseenastumisensa jälkeen ollut ruumiillisesti läsnä maailmassa. Miten lupaus on siis täyttynyt? Miten Jeesus nykyään on "Jumala kanssamme"? Hänen lupauksensa olla kanssamme täyttyi, kun luoksemme tuli Pyhä Henki eli *Parakletos*, "toinen täysin sama kuin Jeesus". Fyysisesti Jeesus istuu Isän Jumalan oikealla puolella kunnes tulee takaisin. Mutta hengellisesti hän on läsnä maailmassa Pyhän Hengen persoonassa.

Johanneksen evankeliumin jakeessa 14:23 on erikoinen lupaus, jossa Jeesus takaa samanlaisen läheisen yhteyden jumaluuden kanssa, jota koettiin vain ennen syntiinlankeemusta. Tämä lupaus annettiin kuitenkin heti sen jälkeen, kun Jeesus oli luvannut, ettei jätä seuraajiaan orvoiksi vaan lähettää heille *allos Parakletos* – toisen puolustajan, joka olisi täsmälleen sama kuin hän itse.

Johanneksen evankeliumin jakeessa 14:23 Jeesus opettaa Pyhästä Hengestä. Jeesus sanoo, että Henki tuo sekä Isän että Pojan läsnäolon uskoviin. Hengessä jumaluuden koko täyteys tulee asumaan ihmisiin eli Jeesuksen opetuslapsiin – hän tekee heistä pysyvän maanpäällisen asuntonsa. Tämä tarkoittaa, että kun me elämme Hengessä ja Hengen kanssa, me koemme elämässämme sekä Isän että Pojan läsnäolon.

2. Kor. 3: 17-18 tekee selväksi, että Jeesus tulee meidän luoksemme Pyhän Hengen kautta. Tämä kohta ei sekoita Pyhä Henkeä ja Jeesusta keskenään vaan selittää, että me koemme Jeesuksen läsnäolon, kun meillä on läheinen ja elävä suhde Hengen kanssa.

Sama periaate toistuu sellaisissa kohdissa kuin Room. 8:9, Gal. 4:6, Fil. 1:19 ja 1. Piet. 1:11, joissa Hengen asuminen meissä rinnastetaan Kristukselle kuulumiseen. Kaikki, mitä

Hengen tunteminen

Jeesus sanoo meille tai tekee meidän kauttamme, tapahtuu Hengen kautta – koska Jeesus on luonamme Hengen kautta. Hengen läsnäolo on sama kuin Kristuksen läsnäolo – ja myös toisin päin. Tästä syystä meidän tulee sitoutua kehittämään ja ylläpitämään suhdetta Pyhään Henkeen, jos haluamme tosissamme tuntea Jeesuksen paremmin.

Helpoin tapa ymmärtää Hengen tehtävää on ajatella, että hän välittää meille Kristuksen läsnäoloa – kaikki hänen työnsä ja toimintansa on osa tätä välitystehtävää. Hän antaa meille niin syvän ymmärryksen Jeesuksen läsnäolosta, että meille tapahtuu yhä uudestaan kolme asiaa, joista tarkemmin seuraavassa:

Henkilökohtainen yhteys Hengen läsnäolon kautta
Johanneksen evankeliumin jakeissa 16:12–14 Jeesus selittää, miten Henki saa asioita häneltä ja ilmoittaa ne meille. Hän opastaa meitä toimimaan Jeesuksen tavalla ja tuntemaan Jeesuksen totuudet. Hän ei kerro meille omia ajatuksiaan vaan sitä, mitä hän kuulee ja vastaanottaa Jeesukselta.

Jeesuksen ensimmäiset seuraajat kulkivat ja puhuivat Herran kanssa. He kuuntelivat hänen ääntään, oppivat hänen sanoistaan ja teoistaan, tunsivat hänen rakkautensa ja elivät läheisessä yhteydessä häneen. Tämä läheinen yhteys Jeesuksen kanssa jatkuu yhä, kun me tunnemme hänen läsnäolonsa Pyhän Hengen kautta. Kun me kuuntelemme Henkeä, me kuulemme Jeesuksen sanat ja äänen – joka muistuttaa meitä hänen rakkaudestaan ja ohjaa meidän ajatuksiamme ja tekojamme. Esimerkki tästä on Ilmestyskirjan luvuissa 2 ja 3, jossa Jeesuksen henkilökohtainen viesti on se "mitä Henki sanoo seurakunnille".

Me emme ehkä kuule Jeesuksen puhuvan korvinkuultavasti. Sen sijaan Henki puhuu meille eri tavoin:

- ◆ Raamatun kirjoitusten kautta
- ◆ Toisten uskovien kautta
- ◆ Jumalan luomakunnan kautta

Hengen läsnäolo

◆ Armolahjojen kautta

◆ Sisäisen henkemme kautta.

Hänen läsnäolostaan johtuva henkilökohtainen muutos

Meihin kaikkiin vaikuttavat jossakin määrin ne ihmiset, joiden kanssa vietämme paljon aikaa. Tämä pitää paikkansa myös Jeesuksen suhteen. Mitä enemmän aikaa vietämme hänen seurassaan Hengessä, sitä enemmän me muutumme hänen kaltaisekseen. Mitä kauemmin me kuuntelemme hänen sanojaan, sitä enemmän jalansijaa ne saavat ajatuksissamme – ja niin edelleen. Esimerkki tästä on kohdassa 2. Kor. 3:18.

Kun me kyllästämme itsemme neljällä evankeliumilla ja katsomme Jeesusta ymmärtääksemme hänen asenteitaan ja motiiveitaan, me alamme oivaltaa, miten meidän pitäisi itse ajatella ja käyttäytyä. Tämä voi kuitenkin jäädä vain älyllisen harjoituksen tasolle eli ideoiden kehittelyksi ja muokkaamiseksi. Me emme ala muuttua ennen kuin olemme oikeasti Jeesuksen seurassa – ennen kuin Jeesus elää meissä Henkensä kautta. Vasta silloin motiivimme muuttuvat ja tahtomme aktivoituu.

Olemme nähneet, että Jeesuksen palvelutehtävässä oli useita teemoja. Hän kutsui ihmiset tottelemaan häntä kuninkaana, olemaan riippuvaisia hänestä pelastajana, seuraamaan hänen täydellistä elämäänsä ja palvomaan häntä pyhänä Jumalana. Hengen kautta Jeesus on läsnä sekä meidän kanssamme että meissä kaikkien luontonsa ja palvelutehtävänsä kaikkien piirteiden mukaisesti:

◆ Hän on kanssamme "kuninkaiden kuninkaana", pahan voittajana, sairauksien hallitsijana, koko maan tuomarina. Me elämme hänen läsnäolossaan. Mikään, mitä ajattelemme tai teemme, ei jää häneltä huomaamatta. Kuningas puhuu meille Henkensä kautta.

◆ Hän on kanssamme ihmiskunnan "kärsivänä palvelijana", hyvänä paimenena, joka antaa henkensä

Hengen tunteminen

lampaiden edestä, verta vuotavana sijaisuhrina, joka kärsi syntiin kohdistuvan Jumalan vihan. Hengen kautta kärsivä palvelija muistuttaa meitä uhrautuvasta elämästään ja kuolemastaan.

◆ Hän on kanssamme "ihanneihmisenä", täydellisenä esimerkkinä ihmisyydestä, elämän mallina koko ihmiskunnalle, myötätuntoisena syntisten ystävänä. Hengessä me elämme hänen kanssaan ja hän elää meidän kanssamme. Hengen kautta Ihmisen Poika näyttää meille, että hän todella ymmärtää heikkouksiamme – mutta niistä huolimatta hyväksyy meidät ja kehottaa meitä seuraamaan häntä entistä lähempänä.

◆ Hän on Hengessä kanssamme ihmeellisenä valoa kantavana ja elämää tuovana Jumalan Poikana, elävänä Sanana, näkymättömän Isän täydellisenä ilmentymänä. Elävä Jumala on Hengen kautta yhteydessä kanssamme. Se muuttaa väistämättä elämämme. Kuinka kukaan voisi olla tällä tavoin Jeesuksen seurassa ja pysyä muuttumattomana?

Henkilökohtainen varmuus hänen läsnäolostaan
Roomalaiskirjeen jakeen 8:16 mukaan Pyhä Henki antaa meille varmuuden, että me olemme Jumalan lapsia, Jumalan perillisiä ja Kristuksen kanssaperillisiä.

Jeesuksen läsnäolo meissä ja meidän kanssamme Hengen kautta on ainoa todiste, jonka tarvitsemme tietääksemme, että Jumala rakastaa meitä ja hyväksyy meidät. Hengen läsnäolo on "sinetti", joka todistaa meille, että syntimme on anteeksiannettu, että meidät on lunastettu, että meidät on sovitettu ja toivotettu tervetulleeksi Jumalan perheeseen.

1. Mooseksen kirjan kohdassa 8:9–14 kyyhkynen toi Nooalle todisteen, että Jumala ei ollut unohtanut häntä. Kyyhkysen läsnäolo oli toivon ja lupauksen ilmentymä. Kun Henki laskeutui Jeesuksen päälle kasteessa "kyyhkysen" muodossa,

Hengen läsnäolo

kuului myös ääni, joka antoi Jeesukselle varmuuden, että hän oli Jumalan rakastettu Poika, johon Jumala oli mieltynyt.

Myös Heprealaiskirjeen kohdassa 10:14-15 tuodaan selvästi esiin Hengen kyyhkysen kaltainen toiminta varmuuden tuojana. Meidän epäilystemme pitäisi kadota, kun Henki osoittaa meille Jumalan läsnäolon. Me huomaamme tietävämme vain koska tiedämme. Koemme syvää ja vankkumatonta varmuutta lapseksi ottamisesta, järkkymätöntä vakuutta Isän rakkaudesta, jonka valossa olosuhteilla ei tunnu olevan merkitystä. Kyseessä ei ole jääräpäinen ylimielisyys vaan Pyhän Hengen työ.

Jumalan läsnäolo
Monet ihmiset uskovat jonkinlaiseen Jumalaan, joka on "siellä jossain". Luomakunnasta saatavat todisteet ja heidän oma langennut luontonsa yhdessä saavat heidät ajattelemaan, että jonkun yliluonnollisen olennon täytyy olla olemassa. Hei eivät tunne häntä. Heillä voi olla kummallisia ideoita hänestä. Mutta syvällä sisimmässään – vaikkakin mahdollisesti vain kriisiaikoina – useimmat ihmiset uskovat Jumalaan, joka on "siellä jossakin".

Melkein kaikissa uskonnoissa ihmiset uskovat Jumalaan, joka on täysin todellinen, ja liittävät häneen vaihtelevan määrän valtaa ja hyväntahtoisuutta. Kristillisyys on eri asia. Sen lisäksi, että uskomme elävän Jumalan olevan kaikkialla ja luoneen ja ylläpitävän kaikkea, me myös ainoina maailmassa väitämme, että hän on täällä meidän kanssamme. Me tiedämme, että Jeesus oli näkymättömän Jumalan täydellinen ilmentymä, ja ymmärrämme siten, että tuntiessamme Jeesuksen meidän täytyy tuntea myös Isä. Jeesus tuli sovittamaan meidät Isän kanssa, "rakentamaan sillan" meidän ja Jumalan välisen kuilun yli. Joh. 14:23 osoittaa erityisen selvästi, että Henki ei pelkästään ilmoita meille Poikaa vaan – Pojan kautta – myös Isän. Siten Hengen tuleminen meihin merkitsee meille sekä Jeesuksen että Isän läsnäolon kokemista.

Helluntaista lähtien Henki on aktiivisesti osoittanut meille Jumalan läsnäolon. Toisinaan voi olla muodissa puhua voimasta

Hengen tunteminen

ja puhtaudesta, mutta meidän tulee ymmärtää, että ei voi olla tärkeämpää tehtävää kuin Jumalan läsnäolon osoittaminen tässä pimeässä ja pahassa maailmassa. Edellä nähtiin, että Uudessa testamentissa puhutaan paljon Hengen voimasta ja puhtaudesta. Siellä puhutaan kuitenkin vielä enemmän Jumalan läsnäolon, sanan ja toiminnan välittämisestä. Uudessa testamentissa muun muassa:

- ◆ Henki esitetään aina Jeesuksen Kristuksen, Jumalan Pojan, Henkenä – Apt. 16:7, Room. 8:9, Gal. 4:6, Fil. 1:19 ja 1. Piet. 1:11

- ◆ Henki, jonka saamme, on sama Henki, joka oli Jeesuksen kanssa, Jeesuksessa ja Jeesuksen päällä – Luukas 3:22, 4:1, 14, 18, 10:21, Joh. 1:32, 3:34 ja Apt. 10:38

- ◆ Jeesus on Voideltu ja Hengen antaja – Joh. 1:33, 7:37–39, 15:26, 16:7, 20:22, Apt. 2:33 ja 1. Joh. 2:20, 27

- ◆ Hengen tulo opetuslasten luokse sen jälkeen, kun Jeesus oli otettu heiltä pois, merkitsi todellisuudessa Jeesuksen paluuta heidän luokseen – Joh. 14:16 ja 18–21

- ◆ Jumalan Hengen eli Kristuksen Hengen läsnäoloa meissä kuvataan Kristuksen läsnäoloksi meissä – Room. 8:9–11

- ◆ Hänet esitetään Herran Henkenä, joka muuttaa meitä Herran kuvan kaltaiseksi – 2. Kor. 3:7–18.

Nämä kohdat osoittavat kiistattomasti, että Hengen olennainen tehtävä helluntaista lähtien on ollut Jumalan läsnäolon, sanan ja toiminnan välittäminen. Vain oivaltamalla tämän raamatullisen perusperiaatteen voimme ymmärtää selkeästi Henkeä ja useita kristillisen elämän puolia.

Kirkkauden läsnäolo
Vanhassa testamentissa ilmaisua "Jumalan kirkkaus" käytetään kahdella eri tavalla. Se viittaa sekä Jumalan itsensä ilmaisemaan

Hengen läsnäolo

luonteeseen että Jumalan läsnäolon näkyvään ilmestymiseen. Siksi Jumalan kirkkaus osoittaa ihmisille sekä missä Jumala on että millainen hän on. Kirkkaus on Jumalan ehdottoman pyhyyden ulkoinen ilmentymä.

Jumalan kirkkaus:

- Ilmestyi Siinain vuorella seitsemällekymmenelle vanhimmalle – 2. Moos. 24
- Nähtiin erämaassa säännöllisesti pyhäkössä uhrin aikana – 3. Moos. 9:6–24
- Täytti Jerusalemin temppelin – 1. Kun. 8:1–11.

Uudessa testamentissa nämä Jumalan kirkkauden piirteet toteutuivat täydellisesti Kristuksessa. Hän on sekä Jumalan luonteen täydellinen ilmentymä että selvin Jumalan läsnäolon osoitus.

Sana "kirkkaus" kuvaa tavallisesti sitä, miten Jeesus ilmensi Jumalan luonnetta armon ja ihmetekojen avulla. Se lisää Vanhan testamentin kuvaukseen kauniin osoituksen täydellisyydestä ja mahtavasta voimasta. Jeesuksessa nähtävä Jumalan kirkkaus osoittaa Isän ylivertaisuuden sekä hänen valtansa ja arvovaltansa koko loistossaan.

Helluntaista lähtien seurakunnan tehtävä on ollut osoittaa Jumalan suurta kirkkautta maailmassa ja maailmalle. Tästä syystä meidät on tarkoitettu osoittamaan Jumalan pyhää luonnetta maailmalle, jotta seurakunta nähtäisiin maailmassa paikkana, jossa Jumala asuu ja Jumalan kuninkaallinen valta ja arvovalta ilmestyvät.

On selvää, että me voimme kirkastaa Jumalaa vain olemalla täynnä Jumalan läsnäoloa – ja se on Hengen työn tulos. Kun me rukoilemme, että Jumalan kirkkaus ilmestyisi, pyydämme, että maailma näkisi hänen pyhyytensä, armonsa ja voimansa – ja ne näkyvät Hengen toiminnan kautta. Hän tuo Jumalan läsnäolon meille, jotta Jumalan kirkkaus näkyy maailmalle meidän kauttamme.

Hengen tunteminen

Hengen läsnäolo todistuksessa

Puhuessaan Pyhästä Hengestä Johanneksen evankeliumin luvuissa 14–16 Jeesus kuvaa, kuinka Hengen toiminta kirkastaa Jeesusta. "Kirkkaudesta" on kuitenkin tullut niin "uskonnollinen" sana – jota käytetään lähinnä jumalanpalveluksessa – että me helposti unohdamme sen merkitsevän lähinnä todistamista.

Yksi tapa havainnollistaa tätä on verrata opetuslapsia kuuhun. Kuu on itsessään aivan kuollut mutta paistaa kirkkaasti pimeydessä heijastaen auringon valoa. Kuu pimenee, kun maapallo siirtyy osittain tai kokonaan sen ja auringon väliin. Samalla tavoin seurakunnassa on hengellistä pimeyttä silloin, kun maailma tunkeutuu Jumalan Pojan ja uskovien väliin.

Aurinkokin kuitenkin pimenee, kun kuu siirtyy auringon ja maan väliin. Myös maan päällä on hengellistä pimeyttä, jos uskovat vain paistattelevat parrasvaloissa ja estävät Jumalan Pojan valon pääsyn maailmaan kiinnittämällä huomion itseensä sen sijaan, että heijastaisivat Jumalan kirkkautta.

Henkeä voitaisiin myös verrata kohdevalaisimeen. On hienoa nähdä komea rakennus valaistuna yöaikaan. Henki kirkastaa Jumalaa kohdistamalla valonsa ja kaiken energiansa häneen. Jos kohdevalot on asennettu oikein, ne ovat itsessään täysin näkymättömiä – me näemme vain niiden säteilemän valon ja rakennuksen, jota ne valaisevat.

Kun me olemme "Hengessä", me toimimme kuin teatterin valaistusmestari. Me saamme ohjeemme tuottajalta ja tehtävämme on kohdistaa valaisimet Jumalaan. Me emme voi saada valoja loistamaan ja voimme myös pilata esityksen, jos emme noudata ohjeita. Meillä on kuitenkin oma tehtävämme yhteistyössä valaisimien ja tuottajan kanssa. Ja meidänkin työmme huomataan vasta, kun jotain menee vikaan!

Johanneksen evankeliumin jakeissa 14–16 mainitaan kaikki Hengen työn päälinjat, joita tutkimme aikaisemmin – kuten voima, puhtaus, läsnäolo, kirkkaus. Mutta kaikissa niissä sykkii voimakkaasti evankelistan sydän. Joh. 15:26 kertoo, että tuleva *Parakletos* on Jeesuksen todistaja – ja että meistäkin tulee hänen todistajiaan. On mahdotonta erottaa Hengen toimintaa

Hengen läsnäolo

todistamisesta. Kaikki, mitä hän tekee, todistaa Jeesuksesta. Jokainen muutos, jonka hän aiheuttaa elämässämme, tekee meistä parempia Jeesuksen todistajia – jotka tuovat hänelle enemmän kunniaa.

Henki ympäröi meitä ja täyttää meidät voimallaan, jotta ihmiset uskoisivat Jeesuksen nousseen kuolleista. Hän kyllästää meidät pyhyydellään, jotta käytöksemme ei saisi ihmisiä kompastumaan. Hän myös tuo elämäämme Jeesuksen läsnäolon, jotta me ilmentäisimme kaikkialla Jumalan suurenmoista luontoa.

Henki ottaa asioita Kristuksen omasta ja tekee ne tiettäväksi meille – mikä kirkastaa Jeesusta. Hän käyttää tässä elinvoimaista ja läheistä henkilökohtaista suhdetta, jonka hän pyrkii jatkuvasti luomaan meihin. Kristus tulee kirkastetuksi meissä, kun me kehitämme ja ylläpidämme tätä suhdetta Hengen kanssa. Sen kautta me tunnemme Jeesuksen, tunnemme Isän ja kuljemme Jumalan ohjauksessa sekä – mikä on kaikkein tärkeintä – meistä tulee tarkkoja ja tehokkaita elävää Herraa Jeesusta kirkastavia todistajia maailmassa.

Osa 9

Kumppanuus Hengen kanssa

Kuten edellä nähtiin, Raamatussa käytetään kahta erilaista kielikuvaa suhteestamme Pyhän Hengen kanssa. Ensinnäkin siellä käytetään sellaisia sanoja kuin "kaste", "voitelu" ja "täyttyminen" osoittamaan, että Jeesuksen tarkoitus on asettaa meidät Henkeen niin, että tulemme kyllästetyksi Hengellä. Sen jälkeen meidät on kutsuttu elämään jatkuvasti "Hengessä", jotta hän voi kirkastaa Kristusta meidän kauttamme. Tässä kielikuvassa korostetaan yhteisöllistä ulottuvuutta, koska "Hengessä" me olemme yhdessä. Kun me olemme "oikeassa paikassa", Hengen ominaisuudet voivat ilmetä meidän kauttamme ja muuttaa meitä Kristuksen kuvan kaltaisiksi.

Toiseksi Raamatussa kuvataan suhdettamme Hengen kanssa tavalla, joka korostaa henkilökohtaista ulottuvuutta. Esittelemällä Jeesuksen sanalla *Parakletos* Jeesus osoitti, että Henki on kutsuttu meidän rinnallemme ja olemaan meidän "kanssamme". Tämä korostaa suhdettamme Henkeen kumppanina.

Kumpikaan kielikuva ei yksistään riitä kuvaamaan salaisuutta ja rikkautta, joka liittyy suhteeseemme Hengen kanssa. Meidän täytyy jollakin tavalla omaksua kumpikin ajatus yhtä aikaa ja varmistaa, että tuomme kummankin esiin puheessamme ja opetuksessamme. Tämä tarkoittaa, että me olemme sekä "Hengessä" että "Hengen kanssa". Meidät on upotettu Henkeen eli täytetty ja kyllästetty Hengellä. Samalla me kuitenkin kuljemme hänen kanssaan kumppaneina.

Kokouksen lopussa kristityt usein siunaavat toisiaan käyttäen 2. Korinttolaiskirjeen jaetta 13:13. Siinä on merkillepantavaa, että puhuessaan Pojasta Raamattu käyttää

Hengen tunteminen

sanaa "armo", Isästä puhuttaessa keskeinen ajatus on "rakkaus" ja Hengestä puhuttaessa avainsana on "yhteys".

Kreikan kielen "yhteyttä" tarkoittava sana on *koinonia* – joka tarkoittaa "osallistumista yhdessä johonkin tarkoituksenmukaiseen". Sana "yhteys" on menettänyt merkitystään joidenkin kristillisten ryhmien käytössä. Monille uskoville se ei tarkoita juuri muuta kuin kohteliasta juttutuokiota jumalanpalveluksen jälkeen. Oikeasti *koinonia* kuvaa osallistumista yhdessä johonkin aktiiviseen ja dynaamiseen.

Koinonia kuvaa sellaista kumppanuutta, jolla on selvä yhteinen päämäärä. Yhteys on aktiivista eikä passiivista. Se on dynaamista, ei paikallaan junnaavaa. Siihen kuuluu viestintää, yhteistyötä, osallistumista, ohjausta, toimintaa ja saavutuksia. Aidolla raamatullisella *koinonia*-kumppanuudella tai yhteydellä on aina sekä tavoite että tulos.

Emme voi sanoa tuntevamme Isän ja väittää tuntevamme Pojan, jos unohdamme Pyhän Hengen – sillä Hengen tunteminen on avain Isän ja Pojan tuntemiseen! Henki on *koinonian* Henki. Hän on *Parakletos*. Hän tulee rinnallemme luodakseen suhteen – kumppanuuden, jolla on tavoite. Yhdessä Henki ja minä – tai Henki ja sinä – teemme parhaamme tuodaksemme suurta kunniaa Jeesukselle tässä runnellussa ja rikkinäisessä maailmassa.

Jeesuksen palvelustehtävän kehittäminen

Jumala on muotoillut kumppanuutemme Hengen kanssa – elämämme Hengen kanssa – sitä varten, että Jeesuksen palvelustehtävä voi jatkua. Meidän vastuullamme on kehittää suhdetta Hengen kanssa – jotta Jeesuksen palvelustehtävä voi toteutua tehokkaammin siellä, missä me olemme.

Opetuslapseus

Toimiva elämä kumppanina Hengen "kanssa" edellyttää opetuslapseutta. Jeesuksen ensimmäisiä kumppaneita hänen palvelustehtävässään kutsuttiin "opetuslapsiksi". Siksi

Kumppanuus Hengen kanssa

Jeesuksen palvelustehtävän kehittyminen meissä riippuu siitä, missä määrin me olemme sitoutuneet opetuslapseuteen.

Meidän tulee noudattaa Kristuksen esimerkkiä kaikessa – ajatuksissa, puheissa, elämässä, rukouksissa, myötätunnossa, palveluksessa, tehtävässä ja moraalissa. Opetuslapseus merkitsee sitä, että me iloitsemme, kun meitä vainotaan, sovittelemme, puhumme yksinkertaisesti, olemme anteliaita, rakastamme vihollisiamme, elämme nöyrästi, hylkäämme materialismin, emmekä tuomitse ketään. Se merkitsee muun muassa nälkäisten ruokkimista, alastomien vaatettamista, vankien luona käymistä, muukalaisten toivottamista tervetulleiksi ja sairaiden lohduttamista.

Kun me elämme Hengen kanssa – saman Hengen, joka oli Jeesuksen kanssa – me varmasti kuulemme, kuinka Henki kehottaa meitä ajattelemaan ja toimimaan kuten Jeesus. Me tunnemme hänen hiljaisen kehotuksensa tehdä jotakin, mennä jonnekin, istua paikallamme, olla hiljaa, lähettää lahja, sanoa muutaman sanan ja niin edelleen.

Aito opetuslapseus edellyttää myös Matteuksen evankeliumin 28 lukuun kirjatun Jeesuksen lähetyskäskyn noudattamista. Tässä käsky "seuraa minua" on enemmän kuin vain henkilökohtainen tai edes yhteisöllinen kutsu olla Jeesuksen kaltainen, siihen kuuluu myös muiden tekeminen opetuslapsiksi. Vain tekemällä näin me toteutamme Jumalan todellisen tarkoituksen ja jatkamme Kristuksen palvelustehtävää maailmassa.

Koska kyse on aidosta kumppanuudesta, Henki ei pakota meitä tottelemaan itseään. Ja kuten aidossa sitoutumisessa yleensäkin, hän ei hylkää meitä, jos me toimimme typerästi tai teemme syntiä. Hän on aina "Jumala meidän kanssamme".

Ohjaus
Henki ei ala ohjata meitä sillä hetkellä, kun me alistumme hänen tahtoonsa. Hän on toiminut ja puhunut meille hiljaa jo ennen kuin me uudestisynnyimme. Totta kai me lähennymme häntä, kun Jeesus kastaa meidät Hengellä.

Hengen tunteminen

Omasta ajattelustamme riippumatta me kuulemme aina hänen kehotuksensa, mutta me emme välttämättä tunnista hänen ääntään tai alistu siihen.

Usein me tunnemme jonkin kehotuksen sisimmässämme, mutta emme ole varmoja, onko se Hengen kehotus, omaa ajatteluamme vai paholaiselta tullutta eksytystä. Joskus huomaamme äkkiä keskittyvämme johonkin ihmiseen; toisinaan tunnemme, että meidän pitäisi tehdä tai sanoa jotakin. Aina emme kuitenkaan tiedä, mitä tehdä näille tuntemuksille.

Jos elämme Hengen kanssa – hänen seurassaan – meidän tulee odottaa hänen ohjaavan ja opastavan meitä lempeällä, hiljaisella äänellään. Hän ei kuitenkaan pakota meitä tottelemaan itseään. Hän rohkaisee, neuvoo ja jatkaa sinnikkäästi. Hän ei kuitenkaan vaadi! Meidän tulee oppia tunnistamaan hänen äänensä ja erottamaan se omista ajatuksistamme ja paholaisen ehdotuksista. Sen takia meidän pitää vain toteuttaa näitä sisäisiä kehotuksia ja olla valmiita tekemään virheitä ja näyttämään hölmöiltä. Ei ole mitään muuta tapaa. Itse asiassa kristillisen elämän ja palvelustehtävän tärkein yksittäinen teko on myöntyä Pyhän Hengen kehotuksiin.

Seurakunnassa on korostettu voimakkaasti sitä, että rukoukset pitää osoittaa Isälle, joten monille uskoville on vaikeaa kehittää läheistä suhdetta Hengen kanssa. Jotkut ajattelevat, että Henki voi puhua heille, mutta he eivät voi puhua hänelle. Mutta meidän ei tarvitse aina esirukoilla ja esittää pyyntöjä Isälle. Joskus on oikein jutella rukouksessa Hengen kanssa. Nyt jotkut huomauttavat, että meidän ei pidä rukoilla Pyhää Henkeä vaan "Isäämme, joka on taivaissa". Meidän on kuitenkin syytä muistaa, että Jumala on kolmiyhteinen, joten me voimme puhutella erikseen kutakin jumaluuden persoonaa. Raamattu opettaa meitä tunnusomaisesti rukoilemaan Isää Jeesuksen nimessä Pyhän Hengen voimalla. Me voimme kuitenkin myös puhua rukouksessa Hengelle hänen kumppaneinaan ja riippuvaisina hänen avustaan. Eihän ole olemassa mitään tiettyä "kaavaa" rukoukselle tai millekään muulle Hengessä elämisen piirteelle.

Riippuvuus Hengestä

Yhteiskunnassa meillä on suuri paine vaikuttaa päteviltä ja menestyviltä. Hengellisesti me voimme kuitenkin edistyä vain oivaltaessamme, ettemme voi tehdä mitään omin voimin. Meidät on luotu suhteeseen Jumalan kanssa – jonka me koemme maan päällä yhteytenä Hengen kanssa. Vain täysin riippuvaisina Hengestä me voimme alkaa palvella Hengessä.

1. Kun. 18 osoittaa Hengen täyttämän profeetan ja väärien profeettojen eron. Elia ei yrittänyt saada mitään tapahtumaan. Hän ei iskenyt kipinää ja vaatinut ihmisiä uskomaan, että se olisi Jumalan tuli. Itse asiassa hän teki kaiken voitavansa todistaakseen ihmisille, että hän ei ollut itse ihmeen aiheuttaja. Sen sijaan, että olisi laittanut tulen uhrin alle, hän kaatoi sen päälle litrakaupalla vettä. Hänen kannaltaan takana oli vain Jumala tai ei mitään. Sanoillaan ja teoillaan Elia varmisti, ettei kukaan pitäisi häntä minään muuna kuin Jumalan puhemiehenä, joka toimi Jumalan ohjeiden mukaan ja oli riippuvainen hänen voimastaan.

Jumala tai ei mitään

Elian tavoin meidänkin pitää tehdä yleisölle vaikeaksi ajatella, että seurakunnassa tapahtuvat asiat olisivat manipuloinnin tai painostuksen tulosta. Täytyy tehdä mahdollisimman selväksi, että niiden takana on joko Jumala tai ei mitään.

Voimme nähdä tämän Jeesuksen palvelutehtävässä. Lukiessamme evankeliumeja me näemme, että hän meni joko suoraan tiettyjen ihmisten tykö tai vastasi erityisiin pyyntöihin. Esimerkiksi Johanneksen evankeliumin hän 5. luvussa ei kehottanut yleisesti parannusta haluavia sairaita ihmisiä ilmoittautumaan. Sen sijaan hän kuunteli Henkeä, joka ohjasi hänet suoraan sen ihmisen luo, jota Jumala halusi käsitellä.

Hengen tunteminen

Ei liioittelua

Yksi Jeesuksen palvelustehtävän silmiinpistäviä piirteitä on se, että hän pyysi ihmisiä olemaan kertomatta kokemastaan ihmeestä. Mark. 7:31-37 ja 8:22-26 osoittavat, että hänellä oli tällainen pyhä halu toimia vaivihkaa – mikä on yksi nöyrän ja huomaamattomasti toimivan Hengen tunnuspiirre. Tutkiessamme Jeesuksen palvelustehtävää huomaamme, että:

- Jeesus ei käyttänyt parannettuja ihmisiä mainostamaan toimintaansa

- Hän ei painostanut heitä todistamaan ja houkuttelemaan lisää ihmisiä kuuntelemaan hänen sanomaansa

- Hän ei koskaan yrittänyt tehdä vaikutusta ihmisiin liioittelemalla tapahtumien kulkua.

Meidän on aina varottava esittämästä vääriä väitteitä ja liioittelemasta tapahtunutta. Meidän pitää myös välttää sellaisia sanoja kuin "paras" ja "suurin", jotka ovat harvoin totta.

Jos me olemme tosissamme riippuvaisia totuuden Hengestä, meille on tunnusomaista hänen nöyrä ja yksinkertainen puheensa, emmekä me tunne tarvetta käyttää maailmallisia menetelmiä tai mainostaa itseämme liioittelemalla tosiasioita, vähättelemällä virheitä ja kiinnittämällä huomiota väärään suuntaan.

Hengen voitelu

Riippuvuus Hengestä merkitsee riippuvuutta hänen voitelustaan, jonka Jeesus antaa. Tässä Kristuksen toiminnan kehittyminen ja riippuvuus Hengestä kohtaavat – kuten edellä nähtiin, voitelu on keskeinen asia hänen palvelustehtävässään.

Joskus sana "voitelu" hämmentää ihmisiä, koska sitä käytetään kuvaamaan hyvin erilaisia hengellisiä kokemuksia. Voitelu voi olla monentyyppistä, kuten:

- *Alkuperäinen voitelu*, kun Jeesus kastaa meidät Pyhällä Hengellä

Kumppanuus Hengen kanssa

- *Jatkuva voitelu,* joka kuvaa meidän tilaamme Hengessä ja Hengen kanssa elävinä uskovina

- *Erityinen voitelu* tietyssä tilanteessa, kun Jumala varustaa meidät Henkensä kautta erityisellä tavalla kohtaamaan jonkin tarpeen tai suorittamaan jonkin tehtävän tai erityisen palveluksen.

Hengellä täyttymisen jälkeen voitelu pysyy meissä, kun me jatkamme elämää tässä voitelussa. On kuitenkin tilanteita, joissa Jumala on meidän kanssamme erityisellä tavalla. Elämää Hengen kanssa ei voida ennustaa. Hän on pyörremyrsky, joka puhaltaa missä tahtoo, ei kesy ja mekaaninen Jumala, joka toimisi odotustemme mukaan. Kun me olemme hänen kumppaneitaan, voimme odottaa rauhallisten jaksojen lomassa hetkiä, jolloin tapahtuu jotain erikoista.

Jotkut uskovat näyttävät unohtavan, että voitelu varustaa meidät tekemään vain sitä, mihin Henki ohjaa meitä. Voitelun takana on Henki itse, se ei siis ole meille annettu kyky. Siksi meidän pitää pysyä hänen johdossaan, jotta voitelu toimisi.

Apostolien tekojen 18. luvussa kuvataan kahta vuotta Paavalin elämässä, jolloin hän työskenteli teltantekijänä Korintissa, piti keskusteluja synagoogissa, perusti seurakunnan ja matkusti Galatian halki. Hän oli voitelussa koko ajan. Hän oli Hengessä ja Hengen kanssa. Tekstissä ei kuitenkaan ole mitään mainintaa ihmeistä. Paavalin muutettua Efesokseen – jossa hän viipyi toiset kaksi vuotta – Apt. 19:11 mainitsee kuitenkin, että "Jumala teki ennennäkemättömiä voimatekoja Paavalin kätten kautta". Miksi ennennäkemättömiä voimatekoja tapahtui Efesoksessa mutta ei Korintissa? Entä miksi Paavalin muutettua myöhemmin Kesareaan kahdeksi vuodeksi tekstissä ei myöskään mainita siellä tapahtuneita voimatekoja? Voimme päätellä tästä joko sen, että Paavali ei ollut Hengen ohjauksessa Korintissa ja Kesareassa, tai että Paavalilla oli Efesoksessa erityinen voitelu, koska epätavalliset voimateot olivat Hengen suunnitelmissa tätä kaupunkia ja aikaa varten.

Hengen tunteminen

Hengen suunnitelman erottaminen

Jumalan työssä on perusperiaatteena, että Jumala ei anna voimaa sellaiseen, mitä hän ei ole suunnitellut, mutta antaa aina voiman siihen, mitä hän haluaa tehdä. Jeesus, oli täysin Jumala – ihmisenä – ja oli saanut mittaamattomasti Henkeä, mutta hänkään ei näytä parantaneen kaikkia. Sen sijaan evankeliumit kertovat, että Jeesus paransi kaikki, jotka tuotiin hänen luokseen ja että hän vei Jumalan parantumisihmeen tietyille ihmisille – kiinnittämättä huomiota muihin ympärillä parveileviin sairaisiin. Hän teki selvästi vain sen, mitä Isä halusi tehdä – hän piti tiukasti kiinni Hengen suunnitelmasta.

Meidät on tuomittu pettymään ja epäonnistumaan nolosti, jos me yritämme ottaa aloitteen omiin käsiimme ja seuraamme omia mieltymyksiämme. Meidän täytyy odottaa Pyhää Henkeä ja saada häneltä selvät ohjeet ja ilmoitus ennen kuin voimme edetä aktiivisesti palvelustehtävässämme.

Odotus

Jumalan tahdon tietäminen on yksi vaikeimmista asioista kristillisessä elämässä. Ongelmamme ei liity niinkään tottelemiseen vaan sen tietämiseen, mitä pitää totella. Me haluamme totella häntä. Me tiedämme, että se on oikein ja parasta, mitä me voimme tehdä. Mutta me emme aina tiedä, mitä hän haluaa meidän tekevän. Usein me emme jaksa odottaa ohjeita vaan teemme omavaltaisesti sitä, mikä näyttää meistä olevan parasta.

Johanneksen evankeliumin jakeissa 10:16 ja 10:27 on lupauksia, jotka Jeesus on pitänyt. Hengen kautta me kuulemme Kristuksen äänen. Joskus me emme kuitenkaan ole varmoja, onko se hänen äänensä vai omia ajatuksiamme tai vihollisen houkutuksia. Toisinaan mielemme on niin täynnä kaikenlaista ylimääräistä, että emme voi kuulla hänen ääntään selvästi. Tiedämme hänen puhuvan meille, mutta emme saa selvää siitä, mitä hän sanoo.

Meidän tulee odottaa kärsivällisesti Jumalaa – luoda

Kumppanuus Hengen kanssa

elämäämme rauhallinen keskipiste mietiskelemällä hänen sanaansa – ennen kuin alamme kuulla Hengen ohjausta.

Kuuntelu
Meidän kaikkien täytyy viettää nykyistä enemmän aikaa rukouksessa kuunnellen. Liian usein me käytämme aikaa vain asioiden pyytämiseen Jumalalta sen sijaan, että kysyisimme häneltä, mitä meidän pitäisi tehdä – ja kuuntelisimme hänen vastauksensa.

Täsmällisten kysymysten esittäminen Jumalalle on hyvä tapa oppia tunnistamaan Jumalan ääni. Meidän ei pitäisi arkailla kysyä Jumalalta, mitä meidän pitäisi tehdä tai sanoa. Mutta meidän pitää myös toteuttaa ne ajatukset, jotka tulevat mieleemme. Opimme tunnistamaan Jumalan äänen toimimalla sen perusteella, mitä olemme kuulleet sisimmässämme. Jotkut uskovat ovat kovin huolissaan siitä, että tekevät jotain väärin, joten he eivät koskaan teekään mitään! Toiset taas ovat varmoja, että jokainen hullu ajatus on jumalallista opastusta, ja sanovat tai tekevät siksi naurettavia asioita. Meidän pitääkin opetella erottamaan, mitkä ovat Jumalan vastauksia kysymyksiimme.

Ajan mittaan opimme tunnistamaan Hengen erityisen tavan puhua meille. Meidän ei pidä koskaan lakata viettämästä aikaa hänen kanssaan, mutta vähitellen me opimme yhä paremmin tunnistamaan sen erityisen tavan, jolla hän keskeyttää luonnolliset ajatuksemme, kun hän haluaa meidän puhuvan jollekin ihmiselle. Luottaessamme näihin äkillisiin odottamattomiin ajatuksiin saamme kokea joitakin kristillisen palvelustehtävän parhaita hetkiä.

Jumala huolehtii kaikista asioista elämässämme. Liian monet uskovat kuvittelevat, että "palvelustehtävä" tarkoittaa vain ihmeitä, joten he jättävät huomiotta "arkiset" ajatukset, joita Henki tuo mieleemme. Kun elämme yhteydessä Hengen kanssa, meidän tulee olla valmiita mihin tahansa, mitä on hänen suunnitelmissaan – kuten pienet ja huomaamattomat lohdutuksen sanat ja teot tai julkisemmat ihmeet ja merkit.

Hengen tunteminen

Kysyminen

Kun palvelemme jotakin ihmistä, meidän tulee kuunnella sekä Jumalaa, että ihmistä, jota olemme auttamassa. Vaikka Jeesus toimi yliluonnollisella tasolla, hän käytti myös luonnollista havainto- ja päättelykykyään. Hän esitti autettavalle normaaleja ja luonnollisia kysymyksiä. Jos Jeesuskin joutui esittämään kysymyksiä, niin täytyy meidänkin tehdä, ks. Markus 5:9, 8:23, 9:21, Luukas 18:41 ja Joh. 5:6.

Autettavan lisäksi meidän tulee myös kysyä Jumalalta, mitä muuta meidän pitäisi tietää. Meidän pitäisi kysyä Jumalalta, mitä tapahtuu ja mikä on ongelman aiheuttaja sekä mitä hän haluaa meidän tekevän sen suhteen, jne. Tätä tutkitaan tarkemmin *Hengen miekka* -kirjasarjan osassa kuusi, *Palveleminen Hengessä*. Henki saattaa antaa meille kuvan tai sanan välitettäväksi, ehdottaa sanottavaa lausetta tai tuoda mieleemme kysymyksen. Usein ongelman aiheuttaja on itsestään selvä, mutta joskus meidän pitää pyytää Jumalaa paljastamaan, onko se ruumiillinen, tunneperäinen, hengellinen, demoninen, perinnöllinen vai kirous. Jos Jumala ei kerro meille mitään, tiedämme jo kaiken, mitä asiasta tarvitsee tietää.

Meidän täytyy olla riippuvaisia Hengestä. Meidän täytyy kuunnella hänen ohjeitaan. Jos huomaamme tekevämme ja sanovamme samoja asioita yhä uudelleen, on hyvin mahdollista, että luotamme kokemukseemme enemmän kuin Henkeen! Kysyttyämme kaikki tarpeelliset kysymykset emme etsi sopivaa ratkaisua tai toimintaa kirjasta. Käännymme kumppanimme Pyhän Hengen puoleen.

Hengen ilmeneminen

Kun toimimme Hengen kumppaneina, osallistumme hänen kutsumukseensa kirkastaa Jeesusta ja todistaa hänestä. Joskus meitä pyydetään puhumaan kokouksessa, mutta useimmiten meitä ohjataan palvelemaan arkielämässä. Useimmat ihmiset saivat apua Jeesukselta, kun hän kierteli heidän alueellaan. Toiset parantuivat sängyissään, puutarhassa, hautajaisissa,

Kumppanuus Hengen kanssa

aterialla ja niin edelleen. Samoin tapahtui alkuseurakunnassa. Ihmisiä tavoitettiin kadulla, matkalla rukouskokoukseen, kodeissa, maaseudulla ja ulkoilmakokouksissa.

Jumala näyttää olevan mieltynyt auttamaan ihmisiä teiden varsilla, arkielämän keskellä ja kohtaamaan yhteiskunnan hylkiöitä, jotka eivät koskaan tulisi seurakunnan kokoukseen. Tämä on hyvä pitää mielessä, jos haluamme osallistua niihin "suurempiin asioihin", jotka Jeesus lupasi.

Kun Henki kehottaa meitä puhumaan tai toimimaan – oli se sitten marketissa tai toimistossa, bussissa tai takapihalla, jonkun kodissa tai jopa hammaslääkärillä – meidän tulee muistaa viisi yksinkertaista periaatetta.

Rukous
1. Moos. 20:17, 1. Kun. 13:6, 17:20–22, 2. Kun. 4:33–36, 20:5 ja Apt. 9:40 osoittavat, että rukous on elintärkeä osa palvelustehtävää.

- ◆ Johanneksen evankeliumin jakeissa 14:12–14 ja 16:24 on suuria lupauksia. On hyvä aluksi muistuttaa Jumalaa näistä lupauksista ja kysyä häneltä lyhyesti, mitä Hengen suunnitelmissa on.

- ◆ Room. 8:26–27 lupaa, että Henki auttaa meitä *esirukoilemalla* puolestamme Jumalan tahdon mukaan. Me emme ole oman onnemme nojassa – meillä on kumppani, joka rukoilee puolestamme. Toisinaan on hyvä keskeyttää toiminta muutamaksi päiväksi, jotta voimme viettää pitempiä aikoja esirukouksessa ennen jatkamista.

- ◆ Uudessa testamentissa kuvataan usein *julistavaa* tai *käskevää* rukousta – esimerkkejä tästä on mm. Apostolien tekojen jakeissa 3:16, 9:17, 34 ja 14:10.

- ◆ Jaakobin kirjeen jakeessa 5:15 esitellään *uskon* rukous – joka on tiettyyn tilanteeseen saatua erityistä uskoa. Usein me emme rukoillessamme odota juuri mitään tapahtuvan. Mutta silloin tällöin Jumala täyttää meidät

Hengen tunteminen

uskollaan, ja voimme rukoilla, kuten Jeesus kuvasi Markuksen evankeliumin jakeessa 11:24.

Lahjat

Edellä nähtiin, että Jumalan uskovalle antamat armolahjat ovat jatkuvaa eikä kertaluontoista toimintaa. Me emme saakaan armolahjoja omaksemme, vaan me saamme tarvitsemamme Hengen ominaisuuden silloin, kun tarvitsemme sitä.

Jeesus käytti toiminnassaan kaikkia Hengen lahjoja paitsi kielilläpuhumista ja kielten selittämistä, ja me voimme odottaa tekevämme samoin. Meidän ei tarvitse huolehtia lahjojen määrittelystä, sillä Uusi testamenttikaan ei tee niin vaan rohkaisee meitä käyttämään niitä.

Palvelustehtävässä meidän on luotettava siihen, että kumppanimme Henki antaa meille kaiken, mitä tarvitsemme, ja meidän tulee luottaa hänen antamiinsa ajatuksiin ja toimia niiden pohjalta. Teemme varmasti myös virheitä. Markuksen evankeliumin luvussa 9 opetuslapset tuottivat Jeesukselle pettymyksen, ja niin mekin joskus tuotamme. Mutta vähitellen me kehitymme taitavammiksi armolahjojen ilmentämisessä, jos jatkamme sinnikkäästi epäonnistumisista ja virheistä huolimatta.

Usko

Jotkut uskovat kuvittelevat tarvitsevansa hirveän määrän uskoa kristilliseen toimintaansa, mutta Jeesus vakuutti, että vain pieni määrä riittää – sinapinsiemenen verran.

Usko on kuin auton kytkin. Konepellin alla saattaa murista voimakas moottori, mutta auto pysyy paikallaan, kunnes ajaja painaa kytkintä ja laittaa vaihteen päälle. Kytkin ei saa autoa liikkeelle, se vain välittää voiman pyöriin.

Matteus 9:2, 22, 29 ja Markus 6:1–6 osoittavat, että me tarvitsemme jonkin verran uskoa kristilliseen palvelustehtävään. Siihen ei kuitenkaan tarvita hiuksia nostattavaa uskoa, joka saa ihomme kananlihalle – vaan vain sen verran uskoa, että pystymme välittämään Jumalan voimaa. Meidän pitää vain

Kumppanuus Hengen kanssa

uskoa, että Jumala voi tehdä sen, mitä tarvitaan, ja olla valmiita toimimaan hänen äänenään ja välikappaleenaan.

Joskus Jumala antaa meille erityisen uskon lahjan, kun hän haluaa tehdä jotakin poikkeuksellista, ja hän tekee sen lisäämällä oman uskonsa meidän uskoomme. Useimmiten oma yksinkertainen uskomme Jumalaan riittää.

Toiminta

Kun me olemme mukana kristillisessä palvelustehtävässä, Henki ohjaa meitä omaa luovaa polkuaan pitkin. Hän saattaa kehottaa meitä tekemään jotakin epätavallista – kuten silloin, kun Jeesus voiteli syljellään sokean silmät. Mutta meidän ei pidä tehdä samaa asiaa toistuvasti, ellei hän selvästi kehota meitä siihen.

On kuitenkin kymmenen perusperiaatetta, jotka toimivat useimmissa tilanteissa.

- ◆ Meidän pitäisi osoittaa Kristuksen rakkautta, hymyillä, käyttää etunimiä ja rentoutua. Jumala tekee ihmeen, emme me.

- ◆ Meidän pitäisi pyytää Pyhää Henkeä antamaan meille ohjaustaan, rohkeutta, voimaa ja puhtautta.

- ◆ Meidän pitäisi pitää silmät auki – jotakin tietoa saamme vain tarkkailemalla, miten autettava reagoi Jumalan voimaan.

- ◆ Meidän pitäisi kuunnella tarkkaavaisesti Jumalaa ja puhua ne asiat, jotka hän tuo mieleemme. Hän voi kehottaa meitä käskemään kasvainta poistumaan. Hän voi kehottaa meitä julistamaan uskoa, vapautta tai siunausta. Joskus hän saattaa kehottaa meitä istumaan hiljaa autettavan kanssa ja olemaan tarkkana havaitaksemme sekä hänen tarpeensa että Pyhän Hengen antamat lisäohjeet.

- ◆ Meidän pitäisi kysyä Jumalalta, voimmeko koskettaa autettavaa vai ei. Jos meistä tuntuu parhaalta tehdä

Hengen tunteminen

niin, voimme asettaa kätemme kevyesti vaatteitten läpi sairaan kehon osan päälle. Missään tilanteessa ei pidä koskea ilman autettavan lupaa, eikä kosketus saisi koskaan tuntua autettavasta epäasialliselta tai epämukavalta.

◆ Meidän pitäisi kysyä autettavalta: "Tunnetko mitään?" ja "Mitä tapahtuu?' Meidän pitää varmistaa, että hän pitää meidät ajan tasalla.

◆ Meidän pitäisi tarkkailla ruumiillisia reaktioita Henkeen. Autettava saattaa täristä, jäykistyä tai kaatua. Hänen hengityksensä saattaa muuttua. Hän saattaa tuntea kihelmöintiä, nauraa tai itkeä. Silmät saattavat kostua – ja niin edelleen. Vaikka nämä reaktiot usein osoittavat Jumalan tekevän työtä, ne ovat vain kehon reaktioita Jumalan voimaan. Voimakas fyysinen reaktio ei todista vahvempaa vaikutusta, eikä sen puute viittaa siihen, että hengellisessä maailmassa ei tapahtuisi mitään.

◆ Jos autettava reagoi fyysisesti, meidän tulee tehdä hänen olonsa mahdollisimman mukavaksi. Mutta meidän ei pidä kiinnittää huomiota reaktioon vaan jatkaa tehtäväämme.

◆ Meidän pitäisi jatkuvasti rohkaista autettavaa ja auttaa häntä tuntemaan olonsa rennoksi.

◆ Me voimme käyttää kielilläpuhumisen armolahjaa, ja meidän pitäisi lopettaa tehtävä, kun Hengen suunnitelma on toteutunut tai emme enää keksi mitään muuta sanottavaa tai tehtävää tai jos autettava pyytää meitä lopettamaan tai vaikuttaa väsyneeltä.

Nöyryys
Monet haluavat mukaan kristilliseen toimintaan vääristä syistä. Meidän tulee tavoitella Hengen pyhää nimettömyyttä ja pyrkiä kiinnittämään huomio pelkästään Jumalaan eikä paistatella sen mukanaan tuomassa kunniassa.

Kumppanuus Hengen kanssa

Kukaan ihminen ei voi tehdä ihmeitä. Korkein mahdollinen tavoitteemme on vain toimia Jumalan ansiottomina palvelijoina, joille Jumala antaa muutaman minuutin ennakkovihjeen ihmeestä. Me olemme nöyriä sanansaattajia, emme tuottajia. Ilmeinen ja vähäeleinen nöyryys on yksi Hengen luonteen tärkeimpiä tunnusmerkkejä. Aivan kuten me tarvitsemme voimaa ja puhtautta, ihmeitä ja merkkejä pitäisi seurata myös nöyryyden.

Opetuslapseus Hengen kanssa

Luukas 17:15-19, Joh. 5:14 ja 9:35-38 kertovat, kuinka Jeesus toimi palvelustehtävänsä jälkeen apua saaneiden ihmisten kanssa. Muista, että Jeesuksen tärkein tehtävä oli tehdä opetuslapsia. Monet ihmiset saattavat rukouspalvelun jälkeen tarvita opastusta ja lisää raamatunopetusta. Ihanteellinen paikka tähän olisi soluryhmä, jossa kukin osanottaja oppii sekä opetuslapseutta että muiden opetuslapseuttamista.

Usein ihmiset eivät saa kaikkea Jumalalta ensimmäisellä rukouskerralla. Meidän pitää ehkä jatkaa rukousta heidän kanssaan useita kertoja, jotta he pystyisivät vastaanottamaan kaiken sen, mitä Jumala on varannut heitä varten.

Kun me pohdimme, mitä on tapahtunut, Henki tuo usein mieleemme ajatuksen, jolloin toivomme, että olisimme sanoneet tai tehneet jotain toisin. Usein on hyvä palata takaisin autettavan luokse ja mainita ohimennen tästä "jälkihuomautuksena" – kuten Jeesus näytti tekevän Johanneksen evankeliumin jakeessa 5:14.

Jälkihoito

Kun olemme Hengen kumppaneina päättäneet rukouspalvelun jonkun puolesta, meidän tulee kysyä kumppaniltamme, mitä tehdä seuraavaksi. Joskus oikea ratkaisu on olla tekemättä muuta kuin vain rukoilla. Mutta – jos rukouspalvelu on kestänyt kauan ja me olemme pyytäneet Jumalalta parantumista, vapautusta tai erityisiä ohjeita – on usein hyvä rohkaista rukoiltavaa ylistämään ja kiittämään.

Hengen tunteminen

Kun olemme rukoilleet parantumista, ja autettava henkilö on ollut lääkärin hoidossa tai reseptilääkityksellä, meidän pitäisi rohkaista häntä käymään lääkärillään. Näin Jeesuskin näytti toimivan (Matt. 8:4).

Jos elämme Hengen kanssa ja haluamme kehittää Jeesukseen palvelustehtävää, useimmat kohtaamamme ihmiset ovat uskomattomia. On hyvä selittää heille hyvää uutista ja osoittaa heille seuraavaa askelta kristillisessä elämässä, oli se sitten parannuksen teko, kasteelle meno, Pyhän Hengen vastaanottaminen tai paikallisseurakuntaan liittyminen.

Joitakin päiviä rukouspalvelun jälkeen on hyvä pysähtyä käymään läpi, mitä siinä tapahtui. Voimme oppia paljon virheistämme, jos olemme valmiit myöntämään ne. Joskus olemme saattaneet olla liian arkoja ja toisinaan liian päällekäyviä. Meidän tulisi pohtia rehellisesti, mitä tapahtui, ja pyytää Henkeä näyttämään, missä eksyimme pois hänen ohjauksestaan.

Ennen kaikkea meidän tulee ymmärtää, että meillä on Jumalan antama vastuu henkilöstä, jonka kohtasimme. Rukoilemme varmasti hänen turvallisuutensa ja hengellisen kehityksensä puolesta, mutta tarvitsemme Hengen ohjausta tietääksemme, pitäisikö meidän pyrkiä läheisempään suhteeseen hänen kanssaan. Joka tapauksessa on hyvä varmistaa, että henkilö liittyy soluryhmään, jossa hän voi jatkaa kasvuaan Jumalan valtakunnan asioissa.

Me tiedämme, että Henki on tullut rinnallemme rohkaisemaan, lohduttamaan, opettamaan ja ohjaamaan meitä. Kun me elämme Hengessä, me hakeudumme luonnostamme ihmisten rinnalle auttamaan ja rohkaisemaan heitä samalla tavoin.

Yhteisöllinen toiminta

Kumppanuuden periaate kulkee punaisena lankana raamatun läpi. Esimerkiksi:

Kumppanuus Hengen kanssa

◆ Yksi ihminen ei yksinään voi heijastaa kolmiyhteisen Jumalan kuvaa, siihen tarvitaan suhde

◆ Matteuksen evankeliumin jakeissa 18:19-20 olevat lupaukset annettiin kahdelle tai kolmelle, ei yhdelle

◆ Matteus 10:1-16 osoittaa, kuinka Jeesus lähetti kaksitoista opetuslasta julistamaan evankeliumia kaksittain, ja Luukas 10:1-20 kuvaa, kuinka 72 muuta lähetettiin samalla tavoin

◆ Suoja vihollisen voimilta taataan seurakunnalle, ei yksittäisille ihmisille.

Tämä ei tarkoita, että kieltäytyisimme tehtävästä, jos kukaan muu ei lähde mukaan. Apostolien teoissa on monta esimerkkiä uskovista, jotka Henki lähetti tehtävään yksistään - esimerkiksi Filippus (Apt. 8:26-40) ja Ananias (Apt. 9:10-19). Mutta Filippus oli yksi seitsemästä, apostolit työskentelivät yleensä pareittain, ja Paavalilla oli aina mukanaan läheisiä työtovereita.

Kun palvelemme yhdessä, on helpompi johtaa auttamiamme ihmisiä samanlaiseen suhteeseen. Palvelustehtävämme pitäisi johtaa autettuja yhteisölliseen elämään, joka heijastaa kolmiyhteisen Jumalan keskinäistä suhdetta.

Apostolien tekojen jakeessa 2:41 ei mainita, että kolmetuhatta ihmistä kääntyi, vaan sen mukaan "uskovien joukkoon tuli" kolmetuhatta henkeä. Heidän pelastuksessaan vaikutti oleellisesti yhteisöllinen dynamiikka. Apostolien tekojen jakeessa 2:43 kuvattua ihmeiden ja merkkien tukemaa julistustyötä ympäröi kuvaus yhteisöllisestä elämästä. Missään Apostolien teoissa ei voida kuvitella palvelustehtävää erillään kristillisestä yhteisöstä. Kun Pyhä Henki johdatti Uuden testamentin uskovia apua tarvitsevien ihmisten luokse, uskovat toivat nämä ihmiset seurakuntaan.

Nykyäänkin meidän tulee rohkaista auttamiamme ihmisiä liittymään elävään ja rakastavaan paikallisseurakuntaan. Vaikka olemmekin edellä keskittyneet Hengen työhön yksilöuskovissa, meidän tulee myös ymmärtää, että Henki

Hengen tunteminen

haluaa nivoa meidät yhteen dynaamisiksi yhteisöiksi, jotka ovat täynnä Jumalan läsnäoloa.

Yhteisöllinen elämä

Henki on Jeesuksen todistaja. Hän vuodattaa elämäämme voimaa ja puhtautta, jotta meistä voisi tulla entistä tarkempia Jeesuksen luonteen todistajia. Mutta hän työskentelee myös *liittääkseen meidät yhteen* Kristuksen alaisuudessa.

Efesolaiskirjeen jakeet 1:3-23 osoittavat, miten kiinteästi meidät on kutsuttu yhteen. Koko Efesolaiskirjeen toinen luku kuvaa sitä, mitä "me yhdessä" olemme. Me kuulumme "Jumalan perheeseen, samaan kansaan kuin pyhät. Meidät on "liitetty yhteen". Me kasvamme "Herran pyhäksi temppeliksi". Hän "liittää meidät Hengellään rakennuskivinä Jumalan asumukseen".

Joskus vaikuttaa helpommalta edistyä Jumalan työssä itsenäisesti. Jeesus oli kuitenkin alamainen ja riippuvainen ihmisistä hyvin näkyvällä tavalla. Hän alistui nöyrästi esimerkiksi:

◆ Vanhemmilleen

◆ Johanneksen kasteelle

◆ Synagoogan esimiehille

◆ Poliittisille johtajille

◆ Juutalaisten papistolle

◆ Pilatukselle.

Jos haluamme elää ja palvella hänen arvovallallaan, meidän tulee elää niin kuin hän eli - vapaaehtoisesti toisten vallan alla. Meidät on pelastettu synnistä parantavan ja rakastavan yhteisön jäseniksi, joka sykkii Pyhän Hengen elämää ja pyrkii jatkuvasti saavuttamaan ympärillään olevia ihmisiä. Meidän pitäisi tehdä kaikkemme kehittääksemme tällaista yhteisöä ja vetääksemme auttamiamme ihmisiämme Hengen yhteisen elämän pariin.

Kumppanuus Hengen kanssa

Yhdessä meidät on Hengessä varustettu käyttämään valtaa kaikkien alueemme pahojen voimien yli. Yhdessä Hengen kanssa me saamme innoitusta palvelevaan elämään, joka noudattaa Kristuksen uhrautuvaa esimerkkiä opetuslasten jalkojen pesusta. Me olemme osallisia hänen arvovallastaan, jolla me saavutamme ihmisiä hänen nimessään ja tuomme parannusta sairaille ja rikkinäisille ihmisille ympärillämme. Yhdessä me elämme Hengessä elämää, joka kehittyy vähitellen kohti Kristuksen täydellisyyttä. Hengen avulla me alamme vähitellen nähdä naapurimme Kristuksen silmillä ja hänen myötätuntonsa valossa. Yhdessä Hengessä ja Hengen kanssa me opimme vähitellen säteilemään Jumalan rakkautta ja antamaan hänen valonsa ja totuutensa loistaa kauttamme ilmentäen yhä enemmän hänen kirkkauttaan.

Me olemme vastaanottaneet Kristuksen Hengen, jotta voimme tehdä Jumalan läsnäolon tunnetuksi kaduillamme hyvin käytännönläheisillä tavoilla – ja me teemme sen Hengen kumppaneina tuntien koko ajan elämässämme Jumalan pyhyyden.

Haaste

Tähän mennessä olet varmasti tutustunut Henkeen perinpohjaisesti.

- ◆ Tiedät, että hän tuo elämääsi Jumalan voiman – jotta voit oppia tuntemaan Jeesuksen paremmin ja tekemään hänet paremmin tunnetuksi ympäröivälle apua tarvitsevalle maailmalle.

- ◆ Tiedät, että hän tuo elämääsi Jumalan puhtauden muuttaakseen sinut Jeesuksen kuvan kaltaiseksi – jotta ihmiset ympärilläsi voivat nähdä Jeesuksen ja tulla vedetyiksi hänen luokseen.

- ◆ Tiedät, että Henki tuo elämääsi Jeesuksen läsnäolon – jotta voit osoittaa Jeesuksen läsnäolon maailmalla puhumalla hänen sanojaan ja tekemällä hänen tekojaan.

Hengen tunteminen

Hengen tuntevana uskovana sinun tehtäväsi on paljastaa Jumalan kirkkaus maailmassa ja maailmalle. Sinut on valittu osoittamaan Jumalan pyhää luonnetta ympärilläsi oleville ihmisille.

Sinä pystyt tekemään sen – mutta vain Hengessä ja Hengen kanssa. Hengen kautta Jeesus kehottaa sinua voimakkaaseen ja pyhään toimintaan – parantamaan rikkinäisiä, ravitsemaan nälkäisiä, toivottamaan hylkiöt tervetulleiksi, ajamaan ulos riivaajia ja tekemään kaikkialla hyviä tekoja hänen ohjauksessaan.

Hengessä Jeesus tulee sinua lähelle. Hän haluaa muuttaa sinut kaltaisekseen sekä varustaa ja motivoida sinut saavuttamaan ihmisiä rakkaudellaan ja armollaan. Älä vain vastusta Henkeä – vaan vastaa hänen kutsuunsa alistumalla rakkaudessa hänen valtaansa ja omistautumalla toimimaan hänen kumppaninaan.

www.ingramcontent.com/pod-product-compliance
Lightning Source LLC
Chambersburg PA
CBHW031119080526
44587CB00011B/1031